essentials

Hans-Jürgen Arlt

Mustererkennung in der Coronakrise

Schöpferin und Zerstörerin von Netzwerken

Hans-Jürgen Arlt
Berlin, Deutschland

ISSN 2197-6708   ISSN 2197-6716   (electronic)
essentials
ISBN 978-3-658-31101-8   ISBN 978-3-658-31102-5   (eBook)
https://doi.org/10.1007/978-3-658-31102-5

Die Deutsche Nationalbibliothek verzeichnet diese Publikation in der Deutschen Nationalbibliografie; detaillierte bibliografische Daten sind im Internet über http://dnb.d-nb.de abrufbar.

Planung/Lektorat: Katrin Emmerich
Springer VS ist ein Imprint der eingetragenen Gesellschaft Springer Fachmedien Wiesbaden GmbH und ist ein Teil von Springer Nature.
Die Anschrift der Gesellschaft ist: Abraham-Lincoln-Str. 46, 65189 Wiesbaden, Germany

Was Sie in diesem *essential* finden können

- Warum die Coronakrise eine und keine Krise wie jede andere ist
- Wie die Moderne ihren Optimismus verliert, aber mit der Digitalisierung ihren Fortschrittsglauben wiederbelebt
- Weshalb auch hohes Leistungs- und Lebensniveau vor Krisen nicht verschont
- Wohin es führt, wenn die Politik die Sinnstiftung des Gesundheitssystems übernimmt
- Wie die Coronakrise lockere Bindungen löst, feste lockert, neuartige fördert

Einleitung

„Mit Krisen verbinden wir die Vorstellung einer objektiven Gewalt, die einem Subjekt ein Stück Souveränität entzieht, die ihm normalerweise zusteht." (Habermas 1973, S. 10)

„Krisen sind unerwartete (thematisch nicht vorbereitete) Bedrohungen nicht nur einzelner Werte, sondern des Systembestandes in seinem eingelebten Anspruchsniveau." (Luhmann 1971, S. 16)

Nur jeweils einen Satz braucht es, und der alte Theoriestreit Subjekt oder System nimmt Gestalt an. Geht es um die jüngste Krise, die als Coronakrise firmiert, hat, so die Ausgangsunterstellung, das analytische Instrumentarium der Systemtheorie mehr zu bieten.

Argumentiert wird für diese Betrachtungsweise: Die Corona-Krise ist eine und keine Krise wie jede andere (vgl. Arlt 2020), sie reiht sich ein in die Phänomenologie der Krisen und sie tanzt aus der Reihe. Welche bekannten Krisenmuster zeigen sich, in welchen Hinsichten treten Neuartigkeiten hervor? Um Antworten zu finden, zu erläutern und zu begründen, skizziert Kap. 1 den Deutungsrahmen der Analyse und stellt ein Grundverständnis des historischen Wandels des Krisenerlebnisses vor anhand der Unterscheidungen zwischen vormoderner Stammes- und Ständegesellschaft sowie zwischen moderner Industrie- und Computergesellschaft. Kap. 2 fragt nach Mustern moderner Krisenverläufe und nach Eigenarten der Coronakrise, die am wenigsten als Schicksal, weniger als Gefahr, um so mehr als Risiko erlebt wird. Mitten im großen digitalen Aufbruch grätscht die Natur dazwischen: Es entsteht die erste Krise, die so offenkundig sowohl Netzwerke zerstört als auch deren Aufbau forciert. Kap. 3 greift Differenzen zwischen Industrie- und Computergesellschaft auf, um die besonderen Anforderungen zu erfassen, denen Politik und Öffentlichkeit in der Coronakrise ausgesetzt sind. Abschließend wird die Krise als Reflexionswert der Moderne thematisiert und nach dem Transformationspotenzial der Coronakrise gefragt: Noch nicht wieder oder nie mehr wieder?

Insgesamt richtet sich die Problemsicht der Beobachtungen mehr auf Strukturen, weniger auf Prozesse. Letztere zu fokussieren, wäre für eine Analyse mitten im Krisengeschehen auch kein vielversprechender Ansatz.

#Krise als Weckruf Moderne und Krise gehören zusammen wie Tag und Nacht. „Spätestens seit der Französischen Revolution wird ‚Krise' zum zentralen Interpretament sowohl für die politische wie für die Sozialgeschichte." (Koselleck 2006, S. 206) „Krise" ist in der Moderne ein Weckruf. Tat und Wort, Operation und Reflexion, Involvement und kritisch-distanzierte Beobachtung, das eine wie das andere gewinnen in Krisenzeiten außergewöhnliche Bedeutung. Akuter Handlungsbedarf für Zuständige und Verantwortliche auf der einen Seite, auf der anderen Seite bester Resonanzboden für Kritiker, die Veränderungsbedarf anmahnen: Hoch-Zeiten für Herren des grünen Tisches und für Helden des weißen Papiers. Die Coronakrise markiert die Geschlechterdifferenz mit einer Schärfe, die sie nachgerade zur Paradekrise für Benachteiligungen des weiblichen Geschlechts macht.

Niklas Luhmann (1991, S. 147) verweist darauf, „dass in der vorsoziologischen und in der soziologischen Literatur Kritik mit einer Krisendiagnose begründet wird". Er plädiert für „das Ende der kritischen Soziologie", solange diese mit der Unterstellung operiere, man habe es eigentlich mit zwei Gesellschaften zu tun: einer besseren, problem- und krisenfreien sowie einer kritikwürdigen, weil problembehafteten und krisengeschüttelten.

> „Gleich welcher Herkunft und welcher theoretischen Ausstattung, der ‚kritische Rationalismus', die ‚kritische Theorie' usw. hatten immer Attitüden des Besserwissens angenommen. Sie stellten sich als konkurrierende Beschreiber mit tadelfreien moralischen Impulsen und mit besserem Durchblick vor. […] Man bot eine konkurrierende Gesellschaftsbeschreibung an und stand damit vor der Aufgabe, zu erklären, wieso andere in derselben Welt diese Auffassungen nicht (oder noch nicht) teilen." (Luhmann 1991, S. 148)

Die systemische Gesellschaftstheorie, deren operativem Konstruktivismus die folgenden Analysen anhängen, ohne die Systemfahne demonstrativ vor sich her zu tragen, plädiert für das Ende der kritischen Soziologie, aber nicht für das Ende von Aufklärung. Sie erklärt zugleich, der einen Wahrheit habe die letzte Stunde geschlagen, aber nicht dem Erforschen von Realitäten. „Immer steht irgendjemand mit wirren Haaren auf und weiß, wie die Welt zu richten ist." (Fuchs 2010, S. 89) Eine solche Erwartung wird enttäuscht, soziologische Aufklärung gleichwohl intendiert.[1]

---

[1] Für kritische Hinweise zu einer früheren Manuskriptversion danke ich Fabian Arlt, Andreas Galling-Stiehler, Olaf Hoffjann, Sigrun Matthiesen, Jürgen Schulz und Jo Wüllner.

Inhaltsverzeichnis

Ohne Kommunikation keine Krise 1

Als Thema hat Krise Karriere gemacht. Die Anwendbarkeit des Krisenbegriffs erstreckt sich von der Medizin, von Körper und Psyche, über alle sozialen Verhältnisse, ob Beziehungskrise, Organisations-, Funktionsfeld- (Wirtschaft, Bildung, Politik etc.), Kultur- oder allgemeine Gesellschaftskrise, bis zur Klimakrise und zur ökologischen Krise des Planeten.

Der Beginn der Moderne und der Auftakt der Expansion der Krisenkommunikation werden nicht selten mit ein und demselben Ereignis des Jahres 1755 verbunden (z. B. Nassehi 2012, S. 34). Es ereignete sich, als Johann Wolfgang von Goethe (1749–1832) sechs Jahre alt war, in seiner Autobiografie beschrieb er es als Katastrophe, als schrankenlose Willkür der Natur.

„Durch ein außerordentliches Weltereignis wurde jedoch die Gemütsruhe des Knaben zum erstenmal im Tiefsten erschüttert. Am ersten November 1755 ereignete sich das Erdbeben von Lissabon, und verbreitete über die in Frieden und Ruhe schon eingewohnte Welt einen ungeheuren Schrecken. […] Die Erde bebt und schwankt, das Meer braust auf, die Schiffe schlagen zusammen, die Häuser stürzen ein, Kirchen und Türme darüber her, der königliche Palast zum Teil wird vom Meere verschlungen, die geborstene Erde scheint Flammen zu speien: denn überall meldet sich Rauch und Brand in den Ruinen. Sechzigtausend Menschen, einen Augenblick zuvor noch ruhig und behaglich, gehen mit einander zugrunde […]. Die Flammen wüten fort, und mit ihnen wütet eine Schar sonst verborgner, aber durch dieses Ereignis in Freiheit gesetzter Verbrecher. Die unglücklichen Übriggebliebenen sind dem Raube, dem Morde, allen Mißhandlungen bloßgestellt; und so behauptet von allen Seiten die Natur ihre schrankenlose Willkür." (Goethe 1954, S. 27)

© Der/die Herausgeber bzw. der/die Autor(en), exklusiv lizenziert durch Springer Fachmedien Wiesbaden GmbH, ein Teil von Springer Nature 2020
H.-J. Arlt, *Mustererkennung in der Coronakrise*, essentials,
https://doi.org/10.1007/978-3-658-31102-5_1

In die Diagnose „Krise" steigert sich die öffentliche Kommunikation der Moderne zunehmend hinein.[1] „Wer heute eine Zeitung aufschlägt, stößt auf den Ausdruck ‚Krise'. Er indiziert Unsicherheit, Leiden und Prüfung und verweist auf eine unbekannte Zukunft, deren Voraussetzungen sich nicht hinreichend klären lassen. Das stellte ein französisches Lexikon 1840 fest. Auch heute ist es nicht anders", beginnt Reinhart Kosellecks (2006, S. 203) Text „Einige Fragen an die Begriffsgeschichte von ‚Krise'". Kosellecks Heute war vorgestern, noch vor der globalen Finanzkrise der Jahre 2008/2009. In der „großen Depression" der Weltwirtschaftskrise sagt der Philosoph Karl Jaspers (1979/1931, S. 73 f.) in seiner Analyse der geistigen Situation der Zeit: „Alles ist in die Krise gekommen, die weder übersehbar noch aus irgendeinem Grunde zu begreifen und wieder gut zu machen, sondern als unser Schicksal zu ergreifen, zu ertragen und zu überwinden ist." 1969 beschreibt Norman Birnbaum resonanzstark „Die Krise der industriellen Gesellschaft".

#Die Moderne erlebt sich als Krise Etwa seit den 1980er Jahren, als die Bezeichnung Postmoderne populär wurde, mehren sich die Stimmen, die dafür argumentieren, die Unterscheidung zwischen Krise und Normalzustand ganz aufzugeben. „Wie in einem unbeabsichtigten perversen Effekt kommt bei ständigen Krisendiagnosen nach und nach heraus, dass es sich gar nicht um Krisen handelt, sondern um die Gesellschaft selbst", spitzte Niklas Luhmann (1991, S. 148) zu.

Aber klar ist auch: Unterscheiden und bezeichnen, so hat es George Spencer-Brown (1969) grundgelegt, bilden ein und dieselbe Operation. Was keinen Unterschied macht, bekommt keinen Namen, und was keinen Unterschied mehr macht, verliert seinen Namen. Krisen machen einen Unterschied, sonst wären sie nicht in aller Munde.

Folgt man der Theorie sozialer Systeme (Luhmann 1984), handelt es sich bei gesellschaftlichen Krisen in einem sehr viel grundsätzlicheren Sinn um Kommunikationsereignisse als es die umfangreiche Literatur über Krisenkommunikation annimmt. Sobald sich die Regierungen um eine Krise in der Gesellschaft, sobald sich Führungskräfte und Berater um die Krise einer

---

[1]„Seit der Übernahme des griechischen Wortes in die europäischen Volkssprachen – seit dem ausgehenden Mittelalter – lässt sich dessen sukzessive und zunehmende Ausbreitung registrieren. Der Begriff erfasste immer mehr Lebensbereiche: die Politik, die Psychologie, die sich entwickelnde Ökonomie und schließlich die neu entdeckte Geschichte. Man kann die Behauptung wagen, dass der Begriff ‚Krise' sogar dazu beitrug, die genannten Bereiche als eigenständige Wissenschaften zu begründen." (Koselleck 2006, S. 205).

Organisation „kümmern", ist die Kommunikation über Zustände, die als Krise gedeutet werden, immer schon in Gang. Findet noch keine Kommunikation statt, gibt es auch noch keine gesellschaftlich erlebte Krise. Beginnt die Kommunikation darüber nie, entsteht auch keine gesellschaftlich wahrnehmbare Krise. „Es mögen Fische sterben oder Menschen, das Baden in Seen oder Flüssen mag Krankheiten erzeugen, es mag kein Öl mehr aus den Pumpen kommen und die Durchschnittstemperaturen mögen sinken oder steigen: solange darüber nicht kommuniziert wird, hat dies keine gesellschaftlichen Auswirkungen." (Luhmann 1986, S. 63) Diese Aussage erscheint nur deshalb zunächst unverständlich, weil sie so einfach ist: Was nicht mindestens eine Person mindestens einer anderen mitteilt, mag eine physische oder eine psychische Existenz haben, eine soziale hat es (noch) nicht.

1.1 Vormoderne Krisen: Wendepunkte und Schicksalsschläge

Möglichst allgemein gefasst, kann Krise so beschrieben werden: „,Krisis' richtete sich gleichsam auf die Zeitnot, die zu begreifen, den Sinn des Begriffs ausmachte. In fast allen Reden von Krise gehörten dazu, das Wissen um die Ungewissheit und der Zwang zur Vorausschau, um ein Unglück zu verhindern oder Rettung zu finden [...]." (Koselleck 2006, S. 205) Wenn als Gegenbild der Krise irgendein Zustand in seinem „eingelebten Anspruchsniveau" gesehen wird, dann spricht alles dafür, dass unter anderen (als modernen) Umständen andere Krisen auftreten. Der soziologische Begriff der Moderne wird mit unterschiedlichen Bedeutungen gebraucht – „es gibt viele ,Modernen'" (Welsch 1988, S. 45) –, weist aber sachlich beachtliche Übereinstimmungen auf; Säkularisierung und Aufklärung, Technisierung und Rationalisierung, Freiheit, Fortschritt und Individualisierung mögen als Stichworte genügen.

Zeitlich herrscht weitgehendes Einverständnis über die Anfänge, aber ob die Moderne schon zu Ende ist, und wenn nicht, in welchem Stadium sie sich befindet, bleibt eine ergebnisoffene Debatte.

> „Seit Jahrzehnten muss man nun schon mit der Ungewissheit leben, nicht genau sagen zu können, in welcher Epoche man sich eigentlich befindet. In der Postmoderne? In der Zweiten Moderne? Oder nach wie vor in der Erstausgabe? Ist diese Unsicherheit das besondere Aroma der Postmoderne, oder war die Moderne nie eine ordentliche Epoche? Wie konnte es zu diesem Dilemma kommen, das selbst den Laien nicht unberührt lässt; was sind das für Zeiten, in denen man nicht einmal mehr weiß, in welchen Zeiten man lebt?" (Grasskamp 1998, S. 757)

Das hier als Grundorientierung gewählte Ordnungsschema bedient sich der
Evolution der Verbreitungsmedien als Kriterium (vgl. Luhmann 1997, S. 609–
618). Unterschieden wird zwischen

- verbaler Kommunikation der archaischen Stammesgesellschaft, die nur
  Kommunikation zwischen Anwesenden kennt;
- verbaler und schriftlicher Kommunikation der antiken und mittelalterlichen
  Standesgesellschaft, die zusätzlich Kommunikation zwischen Abwesenden
  ermöglicht;
- verbaler, schriftlicher, gedruckter und analog gesendeter Kommunikation der
  Industriegesellschaft, in der von bestimmten einzelnen Knotenpunkten aus
  sehr viele andere, tendenziell alle anderen erreichbar sind;
- verbaler, schriftlicher, gedruckter und digital gesendeter Kommunikation der
  Computergesellschaft, in der von jedem Knotenpunkt aus jeder andere erreicht
  werden kann[2].

#Wendepunkte Den vier historischen Formationen gesellschaftlicher Zustände
kann, wesentlich gestützt auf Dirk Baecker (2010), jeweils ein Grundtypus von
Krise zugeordnet werden. Eine Übersicht zeigt die Tab. 1.1 Für Stammesgesell-
schaften, die ihr Dasein primär als Wiederkehr des Gleichen erlebten, bedeutete
die Krise einen aufregenden Wendepunkt. „Es war, als würde man einen Schalter
umlegen und aus einem Zustand der Gesellschaft in einen anderen schalten, zum
Beispiel aus dem Friedenszustand in den Kriegszustand und umgekehrt, oder
aus einer Gesellschaft im Winterlager auf eine Gesellschaft im Sommerlager.
Beunruhigend war der Übergang, aber beruhigend war, dass man den anderen
Zustand bereits kannte." (Baecker 2010, S. 30) Gute und schlechte Zeiten, fette
und magere Jahre, die großen Bedrohungen kamen von außen in Gestalt feind-
licher Krieger und mit der Wucht einer krankmachenden, wundenschlagenden,
totbringenden Natur.

---

[2]Dirk Baecker (2018) und Amin Nassehi (2019) argumentieren auf je eigene Weise dafür,
die Ablösung der Moderne schon vor der verallgemeinerten Anwendung des Computers
anzusetzen. Demgegenüber wird hier ein anderer Deutungsrahmen angenommen: Massenmediale One-to-many Kommunikation wird als Kennzeichen der Industriegesellschaft
hervorgehoben, das interaktive Potenzial der Kommunikation zwischen virtuellen Adressen
als Merkmal der Computergesellschaft betont; dabei werden beide Formationen als
moderne Gesellschaften eingeordnet im Unterschied zu vormodernen Gesellschaften.

Tab. 1.1 Gesellschaftsformationen und Krisentypen

Vormoderne	Stammesgesellschaft	Ständegesellschaft
Krisentypus	*Wendepunkt*	*Schicksalsschlag*
Moderne	Industriegesellschaft	Computergesellschaft
Krisentypus	*Gleichgewichtsstörung*	*Netzwerkdebakel*

#Ordnungsrufe des Schicksals In der Standesgesellschaft dominiert die Vorstellung einer übermenschlichen Ordnung, aus der es kein Entrinnen gibt. Gegen des Schicksals Lauf und gegen der Götter Launen anzutreten, kann nur böse enden, und Krisen sind Ereignisse, die genau das in Erinnerung rufen: Schicksalsschläge, die hinzunehmen sind. Sinnsprüche, die diese Weltsicht bestätigen, sind auch in der biedermeierlichen Moderne noch anschlussfähig. „Mit ruhigem Sinn geh dem Schicksal entgegen und glaub nicht, es ändre sich deinetwegen." (Friedrich Martin von Bodenstedt, 1819–1892) Im Kosmos sind Überraschungen nicht vorgesehen, alles befindet sich an seinem Platz, gehorcht seinem „Telos" oder wird zur hierarchischen Ordnung zurückgerufen. „Aber immerhin darf der Held sich im Moment der Krise erproben: Er darf sich gegen das Schicksal aufbäumen, darf versuchen, selber Schicksal zu spielen, und darf sich dann von allen anderen dabei bewundern und beweinen lassen, wie er triumphiert oder scheitert – und letztlich immer scheitert. Die Krise ist in der Antike der Moment einer Freiheit, die es nicht gibt." (Baecker 2010, S. 41).

1.2 Moderne Krisen: Gleichgewichtsstörungen und Netzwerkdebakel

Der große Unterschied zwischen Stammes- und Standesgesellschaften, also der Vormoderne einerseits und der Moderne andererseits lässt sich daran festmachen, dass „die Welt" weder als ständige Wiederkehr noch als Schicksal gedeutet wird, sondern als eine Herausforderung an die Menschen, den Lauf der Dinge in die eigene Hand zu nehmen. „Im achtzehnten Jahrhundert entfaltete sich die bürgerliche Gesellschaft, die sich als die neue Welt verstand, indem sie die ganze Welt geistig beanspruchte und im gleichen Zuge die alte Welt negierte." Entwickelt wurde eine „Philosophie des Fortschritts. Deren Subjekt war die gesamte Menschheit, die von dem europäischen Zentrum aus geeint und friedlich einer besseren Zukunft entgegengeführt werden sollte." (Koselleck 1973/1956, S. 1 f).

Es war ein Programm „der Absolutmachung des Menschen": „Der Mensch ist – oder soll sein – ausschließlich das Resultat seiner Absichten. Er ist dann das handelnde Wesen, dem nichts mehr widerfährt." (Marquard 1986, S. 118) Dass sich die Menschen die Erde untertan machen sollen, darin sind sich Christen, Liberale und Marxisten einig. Bewundernd heißt es im Kommunistischen Manifest:

> „Unterjochung der Naturkräfte, Maschinerie, Anwendung der Chemie auf Industrie und Ackerbau, Dampfschiffahrt, Eisenbahnen, elektrische Telegraphen, Urbarmachung ganzer Weltteile, Schiffbarmachung der Flüsse, ganze aus dem Boden hervorgestampfte Bevölkerungen – welches frühere Jahrhundert ahnte, dass solche Produktionskräfte im Schoß der gesellschaftlichen Arbeit schlummerten." (Marx 1968, S. 530).

#Zukunft wird gemacht Nach eigenem Willen und aus eigener Kraft zu gestalten, freies Handeln, erfordert eine Zielvorstellung, welche eine erstrebenswerte Zukunft festlegt. Auch wenn solches freie, selbstverantwortliche Handeln historisch zunächst nur männlichen Eigentümern zuerkannt wird, so ist der Grundstein dieses Weltbildes doch gelegt: Zukunft wird gemacht und es wäre absurd, sie anders zu machen, als man sie erstrebt. In der Gegenwart fällt der Startschuss, der auffordert, die Vergangenheit hinter sich zu lassen und eine bessere Zukunft zu gestalten. Damit entsteht eine Differenz zwischen Description und Präscription. Vom Präscriptiven ist zu erwarten, dass es sich mit der Berufung auf anerkannte Werte legitimiert: Freiheit, Gleichheit, Brüderlichkeit sind die Leitwerte, unter welchen die Moderne antritt. Ihre Öffentlichkeit wechselt die Legitimationsgrundlage: Moderne Öffentlichkeiten funktionieren „im Namen des Volkes", vormoderne „im Namen des Herrn". Die Herren mögen himmlische oder irdische gewesen sein, immer bildeten sie den Bezugspunkt, an dem sich entschied, was öffentlich mitgeteilt, gesagt, gesungen, gemalt oder geschrieben werden durfte.

Vorgefundene Zustände sind jetzt einer Beobachtung ausgesetzt, die sich von Differenzen zwischen Realitäten und gesetzten Zielen beunruhigen lässt. Der „Widerspruch zwischen Anspruch und Wirklichkeit" wird zu einer jederzeit präsenten Beobachtungsfigur. Sie findet sich in der politischen Kommunikation als Unterschied zwischen progressiv und konservativ, zwischen links und rechts wieder. Die gewählte Bezeichnung links und rechts ist historisch zufällig, sie hat sich aufgrund wiederholten Gebrauchs durchgesetzt. Das Bezeichnete, die Aufmerksamkeit für die Differenz zwischen Zustand und Zukunft, ist ein tief verankertes Strukturelement der Moderne; am Umgang mit dieser Differenz entwickeln sich die markanten Konfliktlinien von linksextrem über sozialdemokratisch, liberal, konservativ bis rechtsextrem.

#Normativität des Faktischen Werden erreichte Zustände auf ihren Unterschied zu erstrebenswerten Zukünften hin beobachtet, entsteht eine weitere, mit Blick auf das Krisen-Thema relevante Differenz. Es wird erforderlich, Zustände danach zu beurteilen, ob sie „normal" sind, also vorbehaltlich künftiger Verbesserungsmöglichkeiten erst einmal so bleiben können. In der Bezeichnung „normal" verschmelzen nicht zufällig Normativität und Faktizität, siehe auch die Rede von der normativen Kraft des Faktischen. Es gilt, sich zu vergewissern, dass man sich im Rahmen der Normalität bewegt. Wie Jürgen Link zeigt, „tauchte das ‚Normale' (selbst als Begriff) tatsächlich zuerst im Zusammenhang mit moderner Massenproduktion und moderner Erhebung von Massendaten sowie der statistischen Analyse solcher Massendaten seit dem 18. und verstärkt seit dem frühen 19. Jahrhundert auf" (Link 2006, S. 20).

Krisen werden jetzt gesehen als unerwartete, bedrohliche, zunächst nicht beherrschbare Abweichungen vom Normalen. Man hat es „mit einer unklaren Gegenwart, einer unbekannten Zukunft und mit einer Vergangenheit zu tun, deren Lehren, da aus jeweils anderen Situationen stammend, nur begrenzt zu gebrauchen sind" (Baecker 2010, S. 32) Schon auf dieser Abstraktionsstufe tritt eine Verwandtschaft der „Abweichler" hervor: Eine Normalität, die als hausgemachte, als Menschenwerk verstanden wird und zu Krisen führt, zu gefährlichen Abweichungen ins Negative, eine solche Normalität bedarf gründlicher Korrekturen, damit sie krisenfest wird. Krisen bestätigen somit sowohl rechte wie linke Kritiken an Normalzuständen.

#Berechenbarkeit, Planbarkeit, Machbarkeit „Die moderne Gesellschaft ist jene Gesellschaft, die einen Normalzustand kennt, in dem der Mensch das seiner selbst und seiner Welt mächtige Subjekt ist, und einen Krisenzustand, in dem der Mensch entdeckt, dass er mit sich etwas anstellt, was er selbst nicht versteht." (Baecker 2010, S. 32) In ihrer industriegesellschaftlichen Form erlebt sich die Moderne als einen dynamischen, an laufenden Veränderungen interessierten, gelegentlich sogar turbulenten Fortschrittsprozess. Die prinzipielle Beherrschbarkeit dieses Prozesses, eine Trias aus Berechenbarkeit, Planbarkeit, Machbarkeit ist für das Selbstbild der Industriegesellschaft zentral. Praktischen Niederschlag findet dieses Selbstverständnis in Organisation und Technik. Unterstellt wird die Wahrscheinlichkeit, dass freie Bewegungen einen Normalbereich von Abweichungen einhalten und zu Gleichgewichtszuständen tendieren: zum

ökonomischen Gleichgewicht der Märkte, zum politischen Gleichgewicht der Kräfte, zum militärischen Gleichgewicht des Schreckens. Für das Gleichgewichtsdenken ist der bevorzugte politische Ort die Mitte mit Äquidistanz zu den Rändern. Temporär unkontrollierbare Störungen, Krisen eben, pendeln entweder selbst in einen Gleichgewichtszustand zurück oder werden mithilfe politischer Steuerung auf Normalzustände zurückgelenkt.

#Komplexität und Kontingenz Auf dem Weg in die Computergesellschaft wandelt sich die Selbstwahrnehmung der modernen Gesellschaft. Vor allem büsst die Moderne ihren Optimismus ein. Sie erlebt die Zukunft, die sie selbst gemacht hat, als eine Gegenwart, die nicht nur die vielfache Benachteiligung der Frauen, eine grob ungerechte Vermögensverteilung, millionenfache Armut und Verelendung nicht verhindert hat; sondern auch im 20. Jahrhundert zwei Weltkriege, industriell betriebenen Völkermord, Waffenarsenale für einen mehrfachen Overkill der Erdbevölkerung und die natürlichen Lebensgrundlagen gefährdende Umweltzerstörungen hervorgebracht hat.

Aber mit der Digitalisierung wächst ein neuer Fortschrittsglaube[3], den einer der großen Investoren von PayPal und Facebook so formuliert:

> „Beim Gedanken an die Zukunft hoffen wir auf Fortschritt. Dieser Fortschritt kann zwei Formen annehmen. Horizontaler und extensiver Fortschritt bedeutet, Bewährtes nachzuahmen und von eins auf n zu gehen. Horizontaler Fortschaft ist leicht vorstellbar, weil wir schon wissen, wie er aussieht. Vertikaler oder intensiver Fortschritt bedeutet dagegen, Neues zu beginnen und von null auf eins zu springen. […] Vertikaler Fortschritt lässt sich mit dem Begriff der Technologie zusammenfassen." (Thiel 2014, S. 11 f.).

Das Zauberwort, das vom Silicon Valley aus um die Welt geht, heißt „Solution": Menschheitsprobleme im Zusammenspiel von Technik und Unternehmergeist zu

---

[3]„Die Digitalisierung wirft bekanntlich nicht nur Schatten. Vor allem verbreitet sie strahlend helles Licht. […] Wir sehen eine sauberere, gesündere und gerechtere Welt. […] in der Digitalisierung riecht Arbeit nach Blumen, Wind, Sonne und Regen. Der Smog wird vollständig verschwinden […] Mit der Digitalisierung macht die Befreiung der Arbeiter und Angestellten aus der Abhängigkeit von ihren Lohnherren große Fortschritte." (Keese 2017, S. 323–325); vgl. auch Musk 2017: „I think it's important to have a future that is inspiring and appealing."

lösen (vgl. Nachtwey und Seidl 2017) und aus der Welt einen besseren Ort zu machen. So begrüßt Marc Zuckerberg seine zweitgeborene Tochter:

> „Chilhood ist magical. You only get to be a child once, so don't spend it worrying too much about the future. You've got us fort that, and we'll do everything we possibly can to make sure the world is a better place for you and all children in your generation." (Zuckerberg 2017).

In der Computergesellschaft werden die Vorstellungen von Planung und Steuerung zunehmend überlagert von Erfahrungen der Komplexität und der Kontingenz. Wo die Industriegesellschaft Räderwerke antrieb und unsichtbare Hände Gleichgewichte herstellen sah, setzt die Computergesellschaft (nicht nur, aber zunehmend) auf funktionierende Netzwerke. Sozialwissenschaftlich drückt sich der Wandel aus in den Deutungskonflikten zwischen Handlungs- und Systemtheorien. Die dominierende Handlungsperspektive mit dem unabhängigen Subjekt im Zentrum bekommt Konkurrenz von einer Sichtweise, welche die Gleichzeitigkeit von Autonomie und Abhängigkeiten stärker beachtet, Beziehungen und Zusammenhänge aufschlussreicher findet als Trennungen in Subjekt und Objekt.[4]

#Organisation und Technik im Risiko Die Bezeichnungen Komplexität und Kontingenz bringen zwei Erschütterungen der Moderne auf den Begriff: Zum einen schwinden die Planungssicherheiten der Organisation, mit diesen Mitteln würden sich jene Ziele verwirklichen lassen; zum anderen sinken die Erwartungsgewissheiten der Technik, ein solcher Input erzeuge einen solchen Output. Organisationen wie Techniken können nicht länger verbergen, dass sie auf Entscheidungen beruhen, die auch anders hätten getroffen werden können. Es hat immer mehr Möglichkeiten gegeben, als Realitäten geschaffen wurden, und es können Enttäuschungen, unerfüllte Erwartungen, nicht ausgeschlossen werden.

Die moderne Selbstdarstellung bleibt in der Alltagsrhetorik weitgehend die alte, im Mittelpunkt steht der Mensch, die Reflexionen jedoch drehen sich um ein

---

[4]In Luhmanns Diktion geht es um die Gleichzeitigkeit von Autopoiesis und struktureller Kopplung: „Faktisch sind alle Funktionssysteme durch strukturelle Kopplungen miteinander verbunden […]. Schon auf der Ebene des einfachen Lebens von Einzellensystemen kann autopoietische Schließung nicht entstehen, ohne dass sich das Umweltverhältnis in strukturelle Kopplungen umformt, die bestimmte Abhängigkeiten steigern und andere wirksam ausschließen bzw. auf die Möglichkeit der Destruktion reduzieren." (Luhmann 1997, S. 779).

neues Zentrum, das Risiko.[5] Krisen, selbst exogene wie Epidemien, sind in der digitalen Moderne zu einem Fall für Risikomanagement geworden.

> „Epidemien hat es zweifellos immer gegeben. Aber entscheidend ist, ob man sie als ‚Gefahr‘ von außen oder als beeinflussbares ‚Risiko‘ betrachtet. Diese Unterscheidung verdanken wir Niklas Luhmann. Die Pest wurde von der mittelalterlichen Gesellschaft wie eine hereinbrechende Naturkatastrophe als Gefahr verstanden: Man hat sich im Wesentlichen darauf beschränkt, mit Krankheit und Tod umzugehen. Die moderne Gesellschaft betrachtet eine Pandemie jedoch als Risiko.“ (Reckwitz 2020)

Oder mit den Worten Dirk Baeckers (2020): „Faszinierend ist nur, dass zu Beginn des 21. Jahrhunderts Epidemien nicht mehr zu Naturereignissen zählen, sondern ebenfalls als weltgesellschaftliche Ereignisse gewertet werden. Man glaubt, sie gesellschaftlich lenken zu können, so wie man die Wassermenge der Niagarafälle regulieren kann, je nachdem, ob Touristenströme beeindruckt oder umliegende Äcker versorgt werden sollen.“ Diese moderne Sichtweise, letztlich alles Geschehen auf Handlungen bzw. Unterlassungen zurückzubeziehen, schließt den Körper und die Krankheit ein: „Jener erscheint – in der offiziellen Sichtweise – als beherrschbar, diese als vermeidbar.“ (Hahn und Jacob 1994, S. 165 f.) Krisen welcher Art auch immer werden als prinzipiell vermeidbar und, einmal ausgebrochen, als steuerbar behandelt.

In dem hier entwickelten Deutungsrahmen Krisen der Moderne, ihre Muster und ihre aktuelle Form als Netzwerkdebakel[6] zu analysieren und am Beispiel der Corona-Krise zu konkretisieren, ist die bevorstehende Aufgabe.

---

[5]Am Beispiel Liebe: „In dem Maße, als die Eheschließung und im weiteren dann das Sicheinlassen auf Intimbeziehungen sozial freigegeben wird, taucht das Scheitern in diesen Beziehungen als ein Risiko auf, das man vorweg bedenken sollte. Um dies dann wieder zu verhindern, wird Liebe in die Form einer ‚Passion‘ gebracht und als unwiderstehlich behandelt.“ (Luhmann 2003, S. 53).

[6]Das französische Wort débâcle meint ursprünglich die aufgelösten Eisschollen, die auf dem Wasser treiben.

Die Moderne ist die Krise 2

Wenn Reinhart Koselleck (1973/1959, S. 132) schreibt, „das Jahrhundert der Kritik und des moralischen Fortschritts hat die ‚Krise' als zentralen Begriff nicht gekannt", meint er das 18. Jahrhundert, in dem Agrarkrisen ihre Opfer forderten, sich das katastrophale Erdbeben von Lissabon ereignete, der amerikanische Unabhängigkeitskrieg und die Französische Revolution stattfanden. Deshalb wird es umso erklärungsbedürftiger, dass die Krise im Verlauf der Moderne so sehr in das Zentrum der gesellschaftlichen Selbstbeobachtung rückt, dass Niklas Luhmann (1991, S. 148) pointieren kann: „Wie in einem unbeabsichtigten perversen Effekt kommt bei ständigen Krisendiagnosen nach und nach heraus, dass es sich gar nicht um Krisen handelt, sondern um die Gesellschaft selbst." Mit diesem Befund steht Luhmann nicht alleine.

„Hätte man übrigens den Begriff der Krise buchstäblich gemeint und alle Krisen zusammengezählt, deren Eintreten in der Neuzeit von verschiedenen Seiten zu verschiedenen Zeitpunkten behauptet wurde, so läge die Schlussfolgerung nahe, die menschlichen Gesellschaften hätten längst zugrunde gehen müssen. Die Rede von der Krise gehört in Wirklichkeit zu den Gemeinplätzen des Selbstverständnisses der Neuzeit, die den Fortschritt zu ihrem eigenen inneren Gesetz erklärte und daher im Schatten des tatsächlichen oder vermeintlichen Ausbleibens des Fortschritts, also im Schatten der Krise hat leben müssen." (Kondylis 1991, S. 288 f.)

Woraus resultiert das „ständige Krisengerede" in den Selbst- und Fremdbeschreibungen von Personen, sozialen Beziehungen, Organisationen und Funktionsfeldern der modernen Gesellschaft? Der Soziologe und Sozialpsychologe Harald Welzer (2013) argumentiert:

H.-J. Arlt, *Mustererkennung in der Coronakrise,* essentials, https://doi.org/10.1007/978-3-658-31102-5_2

> „Die alten industriellen Länder haben an Bedeutung und vor allem ihre Orientierung verloren. Sie wissen nicht mehr, wohin sie wollen. Sie stagnieren und kreisen nur noch um ihren Gegenwartspunkt. Dieser Zustand der Orientierungslosigkeit manifestiert sich in der anhaltenden Krisenrhetorik. Es gibt in einer solchen Phase nichts Angemesseneres, als zu sagen: Wir haben eine Krise, und die müssen wir vordringlich lösen. Man redet ständig über die Krisenlösung, löst die Krise aber nicht. Das ist auch gar nicht das Ziel, erlaubt doch dieses ständige Krisengerede, beim Gegenwartspunkt zu bleiben und unaufhörlich um ihn zu kreisen."

Der Bedeutungs- und Orientierungsverlust alter Industrieländer (siehe Abschn. 1.2) steigert sicherlich die Krisenrhetorik, und Krisen verlangen besondere Aufmerksamkeit für die Gegenwart, das Hier und Jetzt erzwingt eingehende Beobachtung, das ist zutreffend. Aber die Ursachen für die Uferlosigkeit der Krisenbefunde müssen tiefer liegen, sie müssen in Grundstrukturen der modernen Gesellschaft angelegt sein. Es muss Gründe dafür geben, dass man, von außen attestiert oder selbst diagnostiziert, in der Moderne ‚die Krise bekommt' – unter Lebensbedingungen, von denen andere nur träumen können. Gestützt auf Niklas Luhmanns (1997) zweibändiges Opus Magnum, „Die Gesellschaft der Gesellschaft" kann die Argumentation hier skizziert, jedoch nicht gründlich entwickelt werden.

#Verbreitungsmedien und Erfolgsmedien Die Kommunikationen der Moderne bedienen sich nicht nur hochentwickelter Verbreitungsmedien wie des Buchdrucks und analoger sowie digitaler Funkmedien, sondern auch der (von Luhmann) so genannten symbolisch generalisierten Kommunikationsmedien; für sie wird auch die Bezeichnung Erfolgsmedien gebraucht. Erfolgsmedium beispielsweise der Wirtschaft ist das Geld, der Politik die Macht, der Wissenschaft die Wahrheit, der Öffentlichkeit die Aufmerksamkeit.

Welche Funktion erfüllen Erfolgsmedien? Kommunikation lässt prinzipiell offen, ob Rezipienten auf eine Mitteilung mit Ja oder mit Nein antworten. Erfolgsmedien setzen die Ja/Nein-Codierung der Sprache voraus und „übernehmen die Funktion, die Annahme einer Kommunikation erwartbar zu machen in Fällen, in denen die Ablehnung wahrscheinlich ist." (Luhmann 1997, S. 316) Symbolisch generalisierte Kommunikationsmedien schaffen also Bedingungen, welche die Motivation steigern, das Handeln anderer als Voraussetzung des eigenen Erlebens und Handelns zu akzeptieren; sie erleichtern Zustimmung, wo andernfalls mit Enttäuschungen, mit Ablehnungen gerechnet werden müsste. Ein unmittelbar nachvollziehbares Beispiel ist Geld. Wie kommen mir unbekannte Personen dazu, mir Produkte zu überlassen und Dienste zu leisten, und weshalb akzeptieren Dritte, dass *ich* diese Waren und Dienste bekomme, nicht sie? Bezahlung löst beide Probleme.

#*Positiv und negativ, Wert und Unwert* In der modernen, funktional differenzierten Gesellschaft spielen Erfolgsmedien eine herausragende Rolle. Der Begriff des „capital social" von Pierre Bourdieu (1983) behandelt aus einer ganz anderen Problemperspektive im Kern dieselbe Thematik. Doch wir bleiben bei Luhmanns theoretischem Zugriff, der die binäre Codierung der Erfolgs-medien als deren wichtigste strukturelle Eigenschaft betont. Das heißt, die eine Seite des Codes existiert nicht ohne die andere, wird etwas positiv als Sieg gefeiert, hat sich gleichzeitig negativ eine Niederlage ereignet. „Es geht bei dieser Komplettierung also nicht um eine Vermehrung oder Verminderung der Bestände, nicht um ‚noch ein Bier', sondern nur um die Projektion einer positiv/negativ Unterscheidung […]" (Luhmann 1986, S. 77 f.), allerdings mit einer Präferenz für die Positivseite. Denn der Positivwert garantiert Anschlussfähigkeit, im Recht oder gesund zu sein, Geld oder Macht zu haben, ermöglicht es weiter zu machen; andernfalls muss man sich überlegen, wie es weiter gehen könnte.[1]

Gesellschaftlich tritt der Wert (Geld, Macht, Gesundheit, Wahrheit) nicht ohne den Unwert auf (kein Geld, Machtlosigkeit, Krankheit, Unwahrheit). Für die einzelnen Personen und Organisationen ist der Unterschied beträchtlich, ob sie Werte oder Unwerte akkumulieren. Diese Form der Präferenz-Codierung legt ein Steigerungs- und ein Konkurrenzdenken nahe, die modernes Leben auf eine historisch einmalige Weise beherrschen. Mehr vom Positivwert, weniger vom Negativwert ist das Bestreben, das Personen und Organisationen anspornt und in ein Gegeneinander um dieselben, aber nicht von allen erreichbaren Ziele treibt. Als moderne Strukturelemente werden Steigerungs- und Konkurrenzlogik unter-schätzt, wenn sie mit den Bezeichnungen Wachstum und Wettbewerb auf die Wirtschaft und nur auf die Wirtschaft bezogen werden. Allerdings belegt diese eng geführte ökonomisierte Sichtweise die besondere Durchschlagskraft des Erfolgsmediums Geld und die gesellschaftlich durchdringende Reichweite von Kommerzialisierungsprozessen.

#*Jede Stagnation ein Krisenindikator* Damit ist im Argumentationsgang der Punkt erreicht, an dem nachvollziehbar wird, weshalb in der modernen

---

[1]Weil und sofern sie es nicht erlaubt, weiter zu machen, kann die Krise als gesellschaft-licher Reflexionswert bezeichnet werden; siehe Abschn. 3.2.

Gesellschaft Krisenphänomene auch auf höchstem Erfolgsniveau ganz selbstverständlich sind. Mit welchem Geldvermögen Personen oder Organisationen auch ausgestattet sein mögen, wie viele Siege sie errungen, welches Erkenntnisniveau sie erreicht, welche Machtfülle sie gewonnen haben mögen, sobald der Negativwert zulasten der Akkumulation des Positivwerts auf eine nicht vorhergesehene, zunächst nicht zu erklärende, nicht sofort behebbare Weise überhandnimmt, heißt es: KRISE. Der *FC Bayern München* mag Tabellenführer der Bundesliga sein, *Apple* eines der wertvollsten Unternehmen des Planeten, der *US-Präsident* der mächtigste Mensch der Welt, sobald Siege ausbleiben, Börsenverluste notiert werden, Zustimmungswerte sinken, wird Krise unweigerlich ein Thema. Die Beschreibung mag zunächst reine Zuschreibung sein, massenmediale Dramatisierung oder konkurrenzgetriebene Imageschädigung, aber das Thema verschwindet nicht, bevor sich neue Erfolge einstellen.[2]

Moderne soziale Anerkennung ist so strikt an ungebrochene Erfolgslinien gebunden, dass nur noch Aufstiege gutgeheißen werden. Die Steigerungslogik, auf der das soziale Leben der Moderne basiert – Kapital muss sich vermehren, Karrieren müssen nach oben führen, Rekorde müssen gebrochen werden, Wissen muss dazu lernen, Aufmerksamkeit muss sich steigern, mehr Auflage, mehr Quote, mehr Klicks – macht aus jeder Stagnation einen Krisenindikator. Die betroffenen Akteure, die Personen und Organisationen, sind erst einmal überrascht, dass auf ihrem Erfolgsweg Misserfolge zunehmen, obwohl sie sich nicht geändert haben. Genau daran liege es, weil sie sich nicht geändert haben, seien sie in eine Krise geraten, bekommen sie dann zu hören.

2.1 Erst noch nicht, dann nicht mehr: Meistererzähler, Kassandras, Verschwörungsprediger

Analysen moderner Gesellschaften haben zu berücksichtigen, dass vormoderne Bedingungen nicht einfach verschwinden, sondern im bekannten dreifachen Wortsinn aufgehoben werden (bewahrt, verändert, beseitigt). Wie im Fall der Verbreitungsmedien, wo Sprache und Schrift nicht abhandenkommen, wenn

---

[2]Nach Jürgen Link „lässt sich die prozessuale Kurve einer ‚normalen' Krise als ein typisches Segment der Kurve des Normalwachstums darstellen – und zwar als das Segment zwischen der Abflachung eines normalen Wachstumszyklus zum Nullwachstum (oder zum geringfügig negativen Wachstum) und dem Beginn des Aufschwungs zum nächsten Zyklus. Je näher beim Nullwachstum und je kürzer dieses Segment, umso ‚normaler' die Krise." (Link 2013, S. 199).

Buchdruck und Funkmedien hinzutreten, so gilt auch für Krisen, dass Wendepunkte und Schicksalsschläge weiterhin auftreten, aber einen anderen Stellenwert bekommen und in neue Kontexte eingeordnet werden. Moderne Krisen sind andere Krisen, für sie ist typisch, dass sie sich ereignen, obwohl die Gesellschaft macht, was sie immer macht, und deshalb zunächst auch nicht einzusehen vermag, dass die gleichen Entscheidungen und Handlungen, die bisher Erfolge gezeitigt haben, in eine Krise hineinführen sollen. Daraus ergeben sich bestimmte Verlaufsmuster.

Zu den Fatalitäten moderner Krisenkommunikation gehört, dass sie sich für das Noch-nicht erst wirklich interessiert, wenn das Nicht-mehr eingetreten ist. „Erst muss man noch nichts tun, dann kann man nichts mehr machen. Vorher kann man sich noch nicht – nicht wirklich – rüsten, dann geht es nicht mehr (denn nun fehlt es, wem sage ich das, an Gesichtsmasken, Schutzanzügen, Einweghandschuhen, Tests, Betten, Intensivstationen, Personal und sogar Wattestäbchen)" (Ortmann 2020; siehe auch Ortmann 2015).

#Muster eins: *Es ergreifen Kritiker das Wort, Krisen-Anzeichen seien nicht ernst genommen und dadurch Möglichkeiten versäumt worden, den Ausbruch der Krise zu verhindern.*
Vorboten einer Krise nicht gesehen oder ignoriert zu haben, ist ein stets erhobener Vorwurf. „Auch bei vergangenen Pandemien wurde die drohende Gefahr zunächst ignoriert. In London kursierten bereits im Jahre 1663 Gerüchte über einen Pestausbruch in Holland, doch die Gefahr wurde verdrängt […]", schreibt Ranga Yogeshwar (2020). Auch für die Corona-Krise wird nachgearbeitet, warum es erst so schlimm werden musste, warum auf „schwache Signale" bei Krisenbeginn nicht angemessen reagiert wurde. In einer „Chronologie der Vertuschung" (Deuber 2020) wird kritisiert, im November 2019 habe sich im chinesischen Wuhan der erste Mensch mit dem Coronavirus infizierte, „doch Chinas Behörden hielten den Ausbruch lange geheim – und ermöglichten so erst die globale Ausbreitung." (Deuber 2020).

Dieses Krisenmuster kehrt unvermeidlich wieder, weil erst die Krise selbst das vorherige Geschehen zur Vorgeschichte einer Krise macht. Niemand weiß, wie viele Krisen gezielt oder zufällig verhindert wurden. Unter Namen wie Frühwarnung, Früherkennung, Frühaufklärung (Liebl 1996) werden auf der Organisationsebene schon seit den 1970er Jahren Anstrengungen unternommen, „schwache Signale" (Ansoff 1976) aufzufangen, um rechtzeitig reagieren und Krisen vermeiden zu können. Die Frühwarnfunktion von Monitoring, Issues- und Risikomanagement (Röttger 2001) ist seither stetig gewachsen.

Gesamtgesellschaftlich war es der erste Bericht des Club of Rome, „Grenzen des Wachstums" (Meadows et al. 1972), der eine solche Frühaufklärung versuchte.

#Muster zwei: *Zu Medienstars werden Kassandras, die das Unheil vorhersahen und -sagten, aber kein Gehör fanden.*
So vielfältig mit Verbreitungsmedien ausgestattet und so reich an Informationen wie die Moderne ist, gibt es immer Stimmen, die gewarnt und auf eine drohende Krise hingewiesen hatten, aber ungehört blieben und belächelt wurden. Die eine oder der andere wird dann zum Medienstar wie Nouriel Roubini, Ökonom der New York University, in der globalen Finanzkrise: „Bei einem Vortrag vor dem Internationalen Währungsfonds zum Beispiel versuchte er, seinem Publikum die Laune zu verderben: Die Immobilienblase werde bald platzen und die Wirtschaft in eine tiefe Rezession stürzen. Wie war die Reaktion? ‚Jetzt brauchen wir einen starken Drink', sagte der Moderator, und durch das Publikum zog Gelächter." (Bernau 2008).

#Muster drei: *Krisen werden kommuniziert, es müssen sich, wenn Unübersichtlichkeit und Desorientierung die Lage nicht unbeherrschbar machen sollen, bestimmte Erzählungen stärker durchsetzen als andere. Sie avancieren in der Deutungs-Konkurrenz zu Meistererzählungen dieser Krise.*
Wäre es so einfach zu identifizieren, welches Verhalten, welche Entscheidungen und welche Handlungen eine Krise auslösen, würde *in* der Krise keine Ungewissheit darüber herrschen, was sie verursacht hat, wie sie wieder aufgelöst, wie zumindest ihre Eskalation Richtung Katastrophe vermieden werden kann. Tatsächlich aber fehlt es in Krisen, sonst wären sie keine, nicht nur an sicherem Wissen darüber, was ihre Ursachen waren und ihre Folgen sein werden, auch die empirischen Beschreibungen der aktuellen Zustände sind defizitär, mindestens stark umstritten. Gang und gäbe sind Auseinandersetzungen über Qualität und Aussagekraft von Statistiken (z. B. Kissler 2020).

Nichtwissen ist schwer auszuhalten, wenn es gegenwärtige Lebenssituationen direkt betrifft; es animiert Versuche zu verstehen. Nichts anderes als eine leichte Grippe, nur Alte und Vorerkrankte sind gefährdet, die schnelle Verwandlung alles Tragischen und Schrecklichen in quantitative statistische Werte waren kommunikative Bewältigungsangebote am Beginn der Coronakrise. Krisenkommunikation hat es darüber hinaus mit sehr unterschiedlichen Krisenerfahrungen zu tun, denn sowohl die direkten Folgen als auch die Auswirkungen der Maßnahmen, welche die Krise eindämmen und beenden sollen, betreffen Personen und Organisationen härter, weniger, vielleicht überhaupt nicht oder sogar positiv. Wer es sich leisten kann, gestern produzierte Mängel des

Gesundheitssystems zu diskutieren, während andere heute mit höchstem Einsatz zu retten versuchen, was zu retten ist, erlebt die Krise eben anders. Die Geschichte der Coronakrise ist noch nicht erzählt.

#Muster vier: *Die in allen Hinsichten diffuse Informationslage der Krise erweist sich als ein fruchtbarer Nährboden für Verschwörungsfantasien, die dank der Online-Kommunikation sichtbarer und anschlussfähiger werden.*
Dass eine Krise zum Anlass genommen wird, die eigene Sicht auf die Welt grundsätzlich infrage zu stellen und zu einer anderen Weltanschauung zu wechseln, ist der unwahrscheinliche Fall. Auszugehen ist eher davon, dass das Krisengeschehen in das bestehende Weltbild eingeordnet wird. Wie unterschiedliche politisch-weltanschauliche Richtungen Ursachen und Problemlösungen einer Krise in ihre jeweiligen Erzählungen integrieren, ist jedenfalls gut zu beobachten.

In der konkurrenzgetriebenen, sich ständig verändernden, weltanschaulich ungebundenen modernen Gesellschaft mit Gedanken- und Meinungsfreiheit gedeihen neben weit verbreiteten, öffentlich gut geheißenen Deutungslinien immer auch randständige Sichtweisen. Ernst Bloch hat das Phänomen der „Ungleichzeitigkeit des Gleichzeitigen" als ein Merkmal der Moderne beschrieben: „Nicht alle sind im selben Jetzt da. Sie sind es nur äußerlich, dadurch, dass sie heute zu sehen sind. Damit aber leben sie noch nicht mit den anderen zugleich." (Bloch 1962, S. 104).

Oft halten Verschwörungsfantasien – sie Verschwörungstheorien zu nennen, kommt einer Verschwörung gegen Theorie gleich – an der modernen Grundidee fest, alle Ereignisse als intendiertes Menschenwerk aufzufassen. Manche sehen zwar auch dunkle Mächte, andere aber vor allem dunkle Mächtige die Fäden ziehen.[3] Was die Coronakrise betrifft, wurden Verschwörungen (in Deutschland) ein prominentes Thema, als die unmittelbare Bedrohung einer rapiden Ausbreitung der Pandemie gebannt schien. Die massenmediale Aufmerksamkeit für Kuriositäten und Absurditäten hat im Zusammenspiel mit den Netzeffekten der

---

[3] „Die Bauern glauben zuweilen noch an Hexen und Hexenbanner, doch längst nicht so häufig und stark wie eine große Schicht Städter an die gespenstischen Juden und den neuen Baldur. Die Bauern lesen zuweilen noch das sogenannte sechste und siebente Buch Mosis, eine Kolportage gegen Krankheiten im Stall, auch über die Kräfte und Geheimnisse der Natur; doch der halbe Mittelstand glaubt an die Weisen von Zion, an Judenschlingen und Freimaurer-Symbole allüberall, an die galvanischen Kräfte des deutschen Bluts und Meridians." (Bloch 1962, S. 109).

sozialen Medien „das große Komplott" (Kempkens 2020) auf der öffentlichen Agenda weit oben gehalten.

Krisen treiben auch ihre je besonderen Varianten von Kriminalität hervor. Unsicherheiten und Verwirrungen schaffen zusätzliche Möglichkeiten zu betrügen. In der Coronakrise ist es vor allem die Cyberkriminalität, die blüht.

> „Sie nennen sich Robert Karst und Helga Lindemann und sie haben angeblich noch „44.000 Liter Desinfektionsmittel auf Lager" – ein echter Schatz in Corona-Zeiten. Auch waschbare „Nanosilber Schutzmasken (Exklusive Technologie)" können sie liefern – zwei Stück für bloß 23,80 Euro. Zum Bestellen einfach mit der Postanschrift auf ihre E-Mail antworten. Natürlich haben die beiden nicht die Gesundheit der Empfänger im Auge, sondern sind auf deren Daten aus: Robert und Helga sind Spam-Bots." (Kühl 2020)

2.2 Basale Kommunikationsstruktur: Handlungsdruck und Wissensmangel

Wie tief Krisen in modernen Lebensverhältnissen verwurzelt sind, erhellt auch die Perspektive, die nach dem basalen Muster der Krisenkommunikation fragt. Krisen stellen die Frage nach der Zukunft härter als jede Einzelentscheidung, weil sie die Notwendigkeit zu entscheiden unübersehbar und unhintergehbar machen. Dem Risiko, das jede Entscheidung birgt, kann in der Krise am allerwenigsten ausgewichen werden. Eine Krisensituation und jede zu treffende Entscheidung, sei sie noch so harmlos und unbedrängt, haben die Grundstruktur gemeinsam, dass unter Ungewissheit gehandelt wird, dass man mit Fortsetzungen und Wiederholungen nicht weiter kommt. „Für modernes Leben ist Entscheiden so typisch, dass, spätestens auf Nachfrage, im Grunde alles Tun und Lassen auf Entscheidungen zurückgeführt wird. Trotz aller Gewohnheiten und Routinen hört das Fragen nicht auf, wer worüber entscheiden darf oder muss, warum (nicht) jetzt und (nicht) so entschieden wurde, welche Entscheidung revidiert, an welcher nicht gerüttelt werden soll." (Arlt und Schulz 2019, S. VII).

Krise und Entscheidung weisen dieselbe Kommunikationsstruktur auf, „die Form der Entscheidung ist die Form der Krise" (Lehmann 2011, S. 270). Wie Konflikte die Wirklichkeit in Pro und Kontra teilen, Proteste in Gerechtigkeit und Ungerechtigkeit, Religionen in Glauben und Unglauben, so stehen sich Handlungsdruck und Wissensmangel sowohl in der Krise als auch vor der Entscheidung gegenüber. „So viel Wissen über unser Nichtwissen und über den Zwang, unter Unsicherheit handeln und leben zu müssen, gab es noch nie", sagt Jürgen Habermas (2020) aus dem aktuellem Anlass der Coronakrise. Wer entscheidet, weiß nicht, was richtig ist, sonst brauchte sich niemand zu entscheiden. Ist die Sache klar, wird es so und nichts anders gemacht, alles andere wäre widersinnig. Entscheidungsträger greifen deshalb gerne zu dem Trick, eine Sache so darzustellen, als ob sie klar sei.

#Muster fünf: *In der Krise korrespondieren Handlungsdruck und Wissensmangel, der sowohl mit Informationsdefiziten als auch -überschüssen zusammenhängen mag. Alle Augen richten sich auf die Politik.*
Wenn der Handlungsbedarf so hoch ist, stellt sich die Frage, wer fähig ist zu handeln. Die Antwort hängt von dem jeweiligen „Krisengebiet" ab, sie ist für Beziehungskrisen eine andere als für Organisationskrisen, fällt jedoch für gesamtgesellschaftliche Krisen eindeutig aus. Mit ihrem organisatorischen Zentrum, dem Staat, bildet die Politik, gestützt auf ihre von einem Gewaltmonopol getragene Macht, die einzige Instanz der Gesellschaft, die kollektiv bindende Entscheidungen treffen kann; die Justiz kann es auch, aber nur im Rahmen der politisch vorgegebenen Gesetze, Grundgesetz inklusive. Kein anderes Funktionsfeld, ob Wirtschaft, Öffentlichkeit, Wissenschaft, Erziehung etc., verfügt über ein eigenes Entscheidungszentrum, kein anderes Funktionsfeld kann für sich, geschweige denn für die ganze Gesellschaft bindende Entscheidungen treffen.

#Regieren und lernen Ihr Alleinstellungsmerkmal macht die Politik in Krisenlagen, die gesamtgesellschaftliche Folgen haben oder befürchten lassen, gleichsam automatisch zur Krisenmanagerin. In den Vordergrund treten Führungsqualitäten, die am wenigsten ein selbsternannter Führer hat, der „weiß, sieht und entscheidet grundsätzlich ‚plötzlich', das heißt aus einer Eingebung heraus, die nur ihm zu teil wird und die alle anderen nur abwarten und bewundern können" (Baecker 2009, S. 38). Die Paarung hoher Entscheidungsdruck und großer Informationsmangel verlangt nämlich vor allem anderen eine politische Dauerbereitschaft zu lernen und zu erläutern. Dass Versuch klug macht[4], sich der Erfolg von heute dem gemeinsam korrigierten Fehler von gestern verdankt, sind Krisenerfahrungen, die einer Führung im selbstgerechten Freund-Feind-Modus (vgl. Theveßen 2020) versagt bleiben. Der internationale Vergleich, zu dem die Coronakrise ganz selbstverständlich auffordert, legt davon Zeugnis ab.

---

[4]Dazu passt, dass der Essay als Kommunikationsform der Krise bezeichnet wird, vgl. Deutschlandfunk 2020.

Die Politik sieht sich herausgefordert, z. B. finanz-, wirtschafts-, gesundheitspolitische Entscheidungen zu treffen, die Probleme aus der Welt schaffen sollen, welche das Finanz-, Wirtschafts-, Gesundheitssystem aus eigener Kraft und Kompetenz zu lösen nicht in der Lage sind. Sie hat die Möglichkeit, sich mithilfe der Wissenschaft des verfügbaren Wissens auf dem jeweiligen Gebiet zu vergewissern. Die Regierenden benötigen wissenschaftliche Expertise aus sachlichen, aber auch aus legitimatorischen Gründen. So versucht sich beispielsweise Bundeskanzlerin Angela Merkel von Anfang an mit Verweis auf die Wissenschaft abzusichern: „Zur Epidemie – und alles was ich Ihnen dazu sage, kommt aus den ständigen Beratungen der Bundesregierung mit den Experten des Robert-Koch-Instituts und anderen Wissenschaftlern und Virologen [...]." (Merkel 2020)

Aus dem Alleinstellungsmerkmal der Politik entspringt eine Überinterpretation der politischen Möglichkeiten, wenn die Konditionen nicht mitbedacht werden, unter welchen Parlamente und Regierungen eines demokratischen politischen Systems Entscheidungen vorbereiten, treffen und durchsetzen können (siehe Abschn. 3.1). Moderne Politik herrscht nicht, sie regiert nur. Sie erfüllt als ein Funktionsfeld unter anderen ihre Aufgaben besser oder schlechter, aber eben nur *ihre* Aufgaben und keine anderen.

> „Jedes Funktionssystem kann nur die eigene Funktion erfüllen. Keines kann im Notfalle oder auch nur kontinuierlich-ergänzend für ein anderes einspringen. Die Wissenschaft kann im Falle einer Regierungskrise nicht mit Wahrheiten aushelfen. Die Politik hat keine eigenen Möglichkeiten, den Erfolg der Wirtschaft zu bewerkstelligen, so sehr sie politisch davon abhängen mag, und so sehr sie so tut, als ob sie es könnte. Die Wirtschaft kann Wissenschaft an der Konditionierung von Geldzahlungen beteiligen, aber sie kann mit noch so viel Geld keine Wahrheiten produzieren. Mit Finanzierungsaussichten kann man locken, kann man irritieren, kann aber nichts beweisen. Die Wissenschaft honoriert die Zahlungen mit ‚acknowledgements', nicht mit beweisträchtigen Argumenten." (Luhmann 1997, S. 762 f.)

#Muster sechs: *Die politische Herausforderung konzentriert sich auf das Funktionsfeld, dessen Funktionstüchtigkeit offenkundig bedroht oder gestört ist. Ihm wächst die größte gesellschaftliche Aufmerksamkeit zu.*
Wenn in der modernen funktional differenzierten Gesellschaft ein Funktionsfeld mehr Beachtung findet als die anderen, dann ist es – aus zwei Gründen – die Wirtschaft. Geld hat sich in der Moderne zum erfolgreichsten der Erfolgsmedien

entwickelt. Auch wenn es ganz offensichtlich ist, dass die Gesellschaft nicht ohne Rechts-, Politik-, Gesundheits-, Erziehungssystem etc. funktionieren kann, so hat das Wirtschaftssystem doch eine relative Führungsrolle erstens wohl deshalb, weil nicht nur alle Personen, sondern auch alle Organisationen Zahlungsfähigkeit als soziale Existenzbedingung sicherstellen müssen. Von Zahlungsfähigkeit hängt nämlich, Stichwort Kommerzialisierung, inzwischen auch der Zugang zu sehr vielen Leistungen anderer Funktionsfelder ab.

Zum anderen hat sich das Wirtschaftssystem als besonders krisenanfällig erwiesen: Da so billig wie möglich produziert und so teuer wie möglich verkauft werden soll, misslingt es dem Preismechanismus mit unschöner Regelmäßigkeit, Angebot und Nachfrage aufeinander abzustimmen. Die einzelnen Funktionsfelder sind über ihre Organisationen eng verbunden und in höchstem Maße voneinander abhängig, sodass Funktionsdefizite eines Feldes zu Beeinträchtigungen anderer Bereiche führen. Deshalb bekommt dasjenige Funktionsfeld die jeweils größte Aufmerksamkeit, dessen Versagensquote auffällig wird. „Weil der Ausfall von spezifischen Funktionsbedingungen nirgendwo kompensiert werden kann und überall zu gravierenden Anpassungen zwingt" (Luhmann 1997, S. 769), steigert sich das Ausmaß an Beachtung und Besorgnis – bis hin zur Bezeichnung der Lage als Krise. Deutlich erkennbar an der Weltwirtschaftskrise Ende der 1920er-Jahre und an der globalen Finanzkrise der Jahre 2008/2009. Die Coronakrise hat die Wirtschaft in nicht für möglich gehaltene Schranken gewiesen.

2.3　　Die Coronakrise als Premiere

Das Besondere der Coronakrise liegt darin, dass der Funktiontüchtigkeit des Gesundheits-, bzw. Krankheitssystem eine übergeordnete Rolle zuerkannt wird. Zwar treten auch Wissenschaft, Politik und Öffentlichkeit in der Coronakrise markanter hervor, aber im Mittelpunkt steht die Gesundheitsversorgung. Um des Gesundheitssystems willen werden praktisch alle anderen gesellschaftlichen Funktionsfelder „heruntergefahren" oder zumindest beeinträchtigt, um die Infektionsgefahr zu verringern.

> „Die ganze jenseits des Krankheitssystems noch verbleibende Gesellschaft in allen ihren Aktivitäten wird in der eigentümlichen Summenformel „flatten the curve" zusammengefasst, die eigentlich vor allem besagt, dass man die Infektionsdynamik der Gesellschaft als Folge allen gesellschaftlichen Tuns der zu einem gegebenen

Zeitpunkt verfügbaren Verarbeitungskapazität des Krankheitssystems und damit insbesondere der der Intensivmedizin anpassen muss" (Stichweh 2020).

Das Gesundheitssystem ist ein eher „spätgeborenes" Funktionsfeld der Moderne. „Mit dem Entstehen der modernen Industriegesellschaften in der zweiten Hälfte des 19. Jahrhunderts sind Gesundheit und medizinische Versorgung der Bevölkerung zunehmend auch zu einer wichtigen politischen Frage geworden. Der Staat hat seither viele die Gesundheit berührende Bereiche durch Gesetze geregelt, Institutionen gegründet und Zuständigkeiten festgelegt" (Gerlinger und Burkhardt 2012). Darüber hinaus aber, und das ist im Zusammenhang mit der Coronakrise entscheidend, hat das Gesundheitssystem seine eigene Sinnstiftung im Code krank/gesund durchgesetzt.

> „So wird das menschliche Leben in der modernen Gesellschaft zunehmend nicht vor der Alternative Heil oder Verdammnis, sondern vor der von Gesundheit und Krankheit codiert. Damit ist in Anbetracht des universellen Gültigkeitsanspruchs eines solchen Codes gemeint, dass nicht mehr nur einzelne Handlungen oder Unterlassungen als gesundheitsrelevant aufgefasst werden, während der Rest diesbezüglich als irrelevant gelten könnte. Vielmehr sind virtuell alle Handlungen darauf befragbar, ob sie einen positiven oder negativen Effekt auf die Gesundheit haben." (Hahn und Jacob 1994, S. 164)

Unter die praktischen Folgen fällt, dass sich die Medizin nicht nur berechtigt fühlt, sondern von ihr erwartet wird, Warnungen und Empfehlungen auszusprechen. Kein Mensch braucht sich im Alltag daran zu halten, solange es nur die Medizin sagt, aber jeder trägt das Gesundheitsrisiko dieser Entscheidung. Sobald man anfängt, aus der Perspektive des Gesundheitssystems zu beobachten, sieht man nur (potenziell) krankmachendes, Gesundheit schützendes oder gesundmachendes Verhalten. Übernimmt die Politik pandemiebedingt diese Perspektive, wird Artikel 2, Absatz 2 des Grundgesetzes zu ihrem Leitwert: „Jeder hat das Recht auf Leben und körperliche Unversehrtheit". Schon im anschließenden Satz des Artikels 2 GG wird deutlich, dass die Politik normalerweise im Austarieren von Wertkonflikten ihre vornehmste Aufgabe hat: „Die Freiheit der Person ist unverletzlich. In diese Rechte darf nur aufgrund eines Gesetzes eingegriffen werden." Zu den daraus resultierenden Dilemmata politischen Handelns siehe Abschn. 3.1.

Wie sehr Autonomie und Selbstbestimmung mit Beziehungen, Zusammenhängen, Abhängigkeiten zusammengedacht werden müssen, hat die Coronakrise nachhaltiger vor Augen geführt als selbst die große Weltwirtschaftskrise: „Die Kontaktsperre beleuchtet die Kontakte." (Arlt 2020) Über die ökonomischen

Folgeerscheinungen der Coronakrise hinaus, die laufendes öffentliches Thema sind, bleibt keine Funktionsfeld verschont. Lockdown (Ausgangssperre) und Shutdown (Arbeitssperre) wirken sich beispielsweise auch aus auf das Familien-, Erziehungs- und Bildungssystem, auf den Sport, die Kunst und die Religion. Familienleben wird einerseits eingeschränkt, wenn man an Besuchsverbote in Krankenhäusern und Seniorenheimen denkt, andererseits besonders herausgefordert. Die meisten Familien haben nicht nur finanzielle Einschränkungen auszuhalten, sondern auch ihren Alltag neu zu gestalten. Das Thema häusliche Gewalt bekommt wachsende öffentliche Präsenz (vgl. u. a. Hassenkamp 2020). Das Erziehungsgeschehen wird, „wie seit Jahrhunderten nicht mehr gesehen" (Stichweh 2020), fast vollständig in die Zuständigkeit der Familien zurückverlagert. In den Hochschulen wird weltweit das Großexperiment einer volldigitalisierten Lehre gestartet (vgl. u. a. Weizenbaum Institut 2020).

#Der Papst allein auf dem Petersplatz Die drastische Einschränkung der Versammlungsfreiheit wirkt sich auf die Funktionsfelder unterschiedlich aus, wie Rudolf Stichweh (2020) zusammenfasst: Der Sport, speziell der Wettkampfsport mit Publikum, erweise sich als das Funktionssystem, das weltweit „am vollständigsten stillgestellt wird", gründlicher noch als die Kunst. Soweit diese auf ‚Performances‘ und Anwesenheiten im Museum angewiesen sei, falle sie zwar weitgehend aus. Es entwickelten sich aber auch „digitale Alternativen oder eine Komplementarität von Auftritt und digitalem Vertrieb". „Der Papst allein auf dem Petersplatz, das ist das Bild, das die Corona-Krise krönt." (Simon 2020) Die Kirchen können ihre soziale Funktion als Versammlungsort nicht mehr wahrnehmen. „Noch bedeutsamer dürfte sein, dass dem Anschein nach nirgendwo religiöse Deutungsvarianten des durch das Virus ausgelösten Krisengeschehens verfügbar sind und eine relevante Rolle spielen" (Stichweh 2020). Dass Versammlungsverbote zugleich Proteste gegen Versammlungsverbote betreffen, macht sie politisch hochbrisant (vgl. z. B. Hellner 2020).

Aber es ist trotz der vielfältigen Betroffenheiten nicht die Perspektive des je einzelnen Funktionsfeldes, die das Neuartige der Coronakrise erhellt, sondern es ist das Ringen um Netzwerke, die sowohl zerstört als auch neu geknüpft werden. Dabei wird nicht nur die schnelle Auflösung von Netzverbindungen als Debakel erlebt, sondern zumindest zu Beginn auch deren eiliger Aufbau.

Politik und Massenmedien im Netzwerkdebakel

3

Mit der Unterscheidung von Gesellschaftsstruktur und Semantik hat Niklas Luhmann die vieldiskutierte Frage aufgegriffen „nach einer Korrelation oder Kovariation von Wissensbeständen und gesellschaftlichen Strukturen" (Luhmann 1980, S. 15). In einer prominenten älteren Version handelt es sich um die Frage nach dem Verhältnis von Sein und Bewusstsein. Hier wird versucht, mit der Unterscheidung von Struktur und Kultur zu operieren. Als Struktur sollen handlungsleitende Grenzziehungen bezeichnet werden, die als verfestigte Erwartungen vorselektieren: Welches Handeln ermutigen sie oder erfordern sie sogar, welches kommt gar nicht erst in betracht? Kultur meint die das Erleben formenden Sinnhaushalte einer Gesellschaft: Wie wird verstanden und erzählt, was der Fall ist und was dahinter steckt, welches Verstehen gilt als Missverstehen? Einfach ausgedrückt, mit welchen Handlungen und welchen Deutungen kann gerechnet werden.

#Verträge als zentrale Beziehungen In der Kultur der Industriegesellschaft galt es als ausgemacht, dass im Verhältnis zwischen Akteur und Situation die Akteure als freie und verantwortlich entscheidende die Lage beherrschen.[1] Das freie Individuum, die Autonomie der Subjekte und ihre gleichsam automatische soziale Inklusion standen im kulturellen Focus (und in der massenmedialen Kommunikation ist es um der Einfachheit der Darstellung willen bis heute so

---

[1]Interessant ist, wie in „Die Erlebnisgesellschaft" (Schulze 1993) beschrieben wird, dass die Situationen erst aufgrund erfolgreicher Industrialisierungsprozesse nach und nach Möglichkeitsräume eröffnen, die der kulturell von Anfang unterstellten „freien Auswahl" praktische Wege ebnen.

H.-J. Arlt, *Mustererkennung in der Coronakrise*, essentials,
https://doi.org/10.1007/978-3-658-31102-5_3

geblieben). Die typische Beziehung zwischen freien Individuen ist der Vertrag. Soziale Konflikte drehen sich in hohem Maße um noch verweigerte gleichberechtigte Vertragsfähigkeiten.[2] Mit Verträgen werden Beziehungen geknüpft, Bindungen eingegangen, wechselseitige Abhängigkeiten hergestellt. Daraus kann die Einbildung erwachsen, eine unabhängige Existenz sei bindungslos möglich, schließlich sind es freie Verträge, niemand ist gezwungen, sie einzugehen. Der freie Vertrag rückt so sehr in das Zentrum, dass fundamentale Abhängigkeiten, dass die sozialen Notwendigkeiten, Beziehungen einzugehen, peripher erscheinen.[3] Die Subjekte werden über-, ihre Verbindungen unterbewertet.

Abgelesen wird diese Bedeutung des Vertrages von der aufblühenden Sozialform des freien Marktes; derselben Märkte vom Waren- bis zum Arbeitsmarkt, auf denen sich Angebot und Nachfrage mit kleineren oder auch größeren Ausschlägen auf ein Gleichgewicht einpendeln (sollen) (siehe Abschn. 1.2); derselben Märkte vom Immobilien- bis zum Heiratsmarkt, auf denen jeder (später auch jede) freien Zugang und Handlungsfreiheit haben soll.

#Dunkle Seiten der Vertragsfreiheit Diese Sinngebung war immer schon einseitig, sie steht konträr sowohl zu Machtzusammenballungen, oligopolistischen und monopolitischen Tendenzen auf Märkten, als auch zu hierarchischen Ordnungen und den Exklusionsrechten der Organisationen, als auch zu den sozialen Missverhältnissen der Geschlechterbeziehungen. Entscheidungs- und Handlungsfreiheiten werden auf diesen dunklen Seiten der Vertragsfreiheit in einem Maße praktisch konterkariert, das der vorherrschenden Erzählung von Autonomie und Inklusion widerspricht.[4] „Die breimäuligen Faselhänse der deutschen Vulgärökonomie" (Marx 1973, S. 22) pflegen solche Widersprüche auszuklammern, die Arbeiterbewegung und die Frauenbewegung haben sie auf ihre je eigene Weise artikuliert, Veränderungen eingefordert und teilweise durchgesetzt.

---

[2]Noch das 1900 in Kraft getretene Bürgerliche Gesetzbuch gibt dem Mann in allen Fragen des Ehe- und Familienlebens das Entscheidungsrecht. Und: Erst die Notwendigkeit eines „Burgfriedens" im ersten Weltkrieg macht Gewerkschaften zu anerkannten Vertragspartnern.

[3]„Menschen sind biologisch und kulturell soziale Wesen. Was sich historisch verändert, ist, wie Menschen in größere Zusammenhänge eingebunden sind […]." (Stalder 2016, S. 129).

[4]Dirk Baecker (2009, S. 45) spricht von „der Kippfigur der asymmentrischen Organisation und symmetrischen Gesellschaft".

In den typischen One-to-Many-Konstellationen der Massenproduktion und der Massenkommunikation kommt die faktische Gleichzeitigkeit von Autonomie und Abhängigkeit strukturell zum Ausdruck. Das Kaufhaus als Verkaufs-Knotenpunkt, wenige Sender, die viele Wohnzimmer mit Informationen versorgen, überhaupt „die Zentrale" als herausgehoben-bedeutungsvoller Ort markieren diese Konstellation. Massenhafte Individualität, die ihrem Beziehungsreichtum kaum Beachtung schenkt, beherrscht die Szenerie. Diese Zentrum-Peripherie-Perspektive spiegelt sich sowohl in der modernen Geschichte der Kommunikationstheorie, in deren Focus zunächst alleine der Kommunikator als Absender stand und irgendwo am Rande der Rezipient, als auch in der modernen Arbeitstheorie, in der sich im Grunde bis heute alles um die Produzenten dreht, während die Konsumenten als ein anderes Problem behandelt werden.[5]

In summa gilt für die industriegesellschaftliche Kultur: Sowohl auf der gesellschaftlichen Ebene zwischen den Funktionsfeldern, als auch auf der organisationalen und auf der personalen Ebene werden im Namen der neu erkämpften Freiheiten Autonomie und Inklusion angestrahlt, während Abhängigkeiten und Exklusionen abgedunkelt werden. Massenhafte Individualität und gering geschätzte Bindungsvielfalt werden in der digitalen Kultur abgelöst von einer Tendenz zur Singularität (Reckwitz 2018) und einer Aufwertung der Beziehungen, Stichwort Netzwerke.

#Digitalisierte Kommunikation, globalisierte Arbeit Auf dem Weg in die Computergesellschaft gehen sowohl Struktur- als auch Kulturverschiebungen vonstatten. Im Verhältnis zwischen Akteur und Situation wird dem Beziehungsgeflecht der Situation weit mehr Aufmerksamkeit geschenkt[6] mit zwei interessanten Effekten: Auf den Märkten werden Abhängigkeiten viel stärker wahrgenommen, in den Organisationen fällt die Abhängigkeit der scheinbar Unabhängigen, der Führungskräfte, auf; man beginnt sich für die Frage zu interessieren, wie „es den Unterworfenen gelingt, den Machthabern die Bedingungen zu diktieren, unter denen sie zum Gehorsam bereit sind" (Baecker 2009, S. 27). Der Strukturwandel gipfelt gesellschaftlich in den Netzwerken weltumspannender digitalisierter Kommunikation und globalisierter Arbeit.

---

[5]De Certeau (1988) ist der Klassiker, der dieser Perspektive widerspricht.

[6]„Zumeist dominiert [...] die Situation die Handlungsauswahl. Beobachter können das Handeln sehr oft besser auf Grund von Situationskenntnis als auf Grund von Personkenntnis voraussehen [...]." (Luhmann 1984, S. 229).

#Muster sieben: *Krisen fördern eine Politik der Abgrenzung in der Erwartung, auf diese Weise mehr Kontrolle zu gewinnen.*

In der Computergesellschaft bestätigt sich, „dass alle Funktionssysteme zur Globalisierung tendieren und dass der Übergang zur funktionalen Differenzierung [...] nur in der Etablierung eines Weltgesellschaftssystems seinen Abschluss finden kann" (Luhmann 1997, S. 809).[7] Für die gesellschaftlichen Funktionsfelder büßen nationale Räume ihre Bedeutung ein, offene Grenzen werden gebraucht, das Geschehen entgleitet nationalstaatlicher Kontrolle. Die Wirtschaft ist nur ein besonders auffälliger Fall: Fragile Liefer- und Fertigungsketten kreuz und quer durch Europa und über alle Erdteile hinweg verknüpfen Just-in-time-Produktionen, deren mobile Lager Schiffe, Flugzeuge, Eisenwaggons und Lastwagen sind.

Organisational heißen die neuen Stichwörter flache Hierarchien, Flexibilität und Agilität. Neben stabile, nicht selten ein Arbeitsleben während Mitgliedschaften treten zunehmend lose in Netzwerken verankerte (Schein-) Selbstständigkeiten. Die partielle Ablösung fester Vertragsverhältnisse durch lose Anschlüsse an Netzwerke ist unter den Bezeichnungen Prekariat für neue Unsicherheiten und (digitale) Boheme für neue Freiheiten ein bekanntes öffentliches Thema.

Die Corona-Pandemie als globale Krankheitsgeschichte revitalisiert Ländergrenzen, weil Geschlossenheit bessere Kontrollmöglichkeiten zu versprechen scheint. Aber das erscheint nur deshalb so, weil die Staatengemeinschaft der Erde keine globalen Reaktionsmöglichkeiten auf eine globale Krise hat; selbst die Europäische Union hat kaum europäische, wenngleich die EU-Kommission seit Anfang März einen Corona-Krisenstab eingerichtet hat (EU-Kommission 2020).

In den sich gesellschaftlich und organisational ausbreitenden Netzwerkbeziehungen[8] (Castells 2004, S. 528–536) schlägt weitaus stärker durch, dass

---

[7]„Der Funktionsbezug fordert zum ständigen Kreuzen von territorialen Grenzen auf: zum Empfang der Nachrichten ausländischer Provenienz, zur Bemühung um internationale Kredite, zu politisch-militärischen Vorkehrungen für Ereignisse jenseits der eigenen Grenzen, zum Copieren von Schul- und Universitätssystemen der fortgeschrittenen Länder usw." (Luhmann 1997, S. 809).

[8]Eine Zusammenstellung von zehn Netzwerkmerkmalen findet sich mit Rückgriff auf ein unveröffentlichtes Manuskript Rudolf Wimmers bei Glatzel (2012, S. 43 f.): „1. Tendenziell keine stabile Asymmetrie in den wechselseitigen Beziehungen. 2. Wechselseitige Abhängigkeit, das heißt, die Akteure sind in der Lösung des Problems aufeinander angewiesen. 3. Keine Kontrolle des Exits. 4. Reziprozität: es existiert ein Mechanismus der wechselseitigen Nutzenstiftung [...]. 5. Eher kooperativ denn kompetitiv, tendenziell Konsensbildung. 6. Dauerhafter, langfristig angelegter Beziehungszusammenhang. 7.

die Erfolgsmedien der Kommunikation (siehe Kap. 2) gerade nicht einer Gleichgewichtslogik folgen, die zu Normalverteilungen tendiert, sondern einer Eskalationslogik, die Blasenbildungen und Extremereignisse begünstigt.

> „Carl Friedrich Gauß war ein Mathematiker, der zu Beginn des 19. Jahrhunderts wichtige Ideen der Wahrscheinlichkeitsrechnung entwickelte; Georg Kingsley Zipf war ein amerikanischer Linquist, dem in den 1930er Jahren auffiel, dass die Wahrscheinlichkeit, mit der in Texten oder Reden bestimmte Wörter auftauchen, die Wahrscheinlichkeit erhöht, dass dieselben Wörter wieder auftrauchen, sodass die Sprache die interessante Eigenschaft hat, sich ihren eigenen Kontext durch Wiederaufrufen derselben Wörter selber zu schaffen. Wer sich an Gauß hält, glaubt an die Normalverteilung der Ereignisse in einem Standardbereich, im Vergleich zu den Extremereignisse die selten auftretenden Ausnahmen darstellen. Wer sich an Zipf hält, rechnet ganz im Sinne der modernen Chaosforschung mit zunächst unauffälligen Abweichungen, die sich jedoch wechselseitig verstärken und zu Wellen von Extremereignissen auftürmen können." (Baecker 2010, S. 39 f.)

#Engels- und Teufelskreise Bei Erfolgsmedien, man denke an Geld, Wissen, Aufmerksamkeit, Gesundheit, beflügelt ein hoher Basiswert die Zunahme, viel führt leichter zu mehr, ein niedriger Wert beschleunigt die Abnahme, wenig führt schneller zu weniger. Wenn keine Unterbrechungsregeln eingebaut sind, die solche Eskalationen stoppen, entstehen dynamische Engels- und Teufelkreise. Die Bank für Internationalen Zahlungsausgleich (BIZ) hat die Problematik mit der Metapher des grünen Schwans ausgedrückt (Bolton et al. 2020). In der Coronakrise zeigt sich der Teufelskreis markant: Nicht nur „Amerika lässt seine Ärmsten sterben" (Havertz 2020), auch eine britische Studie sagt, „Arme und Angehörige von Minderheiten sterben häufiger" (Welt 2020).[9] Sozial

---

Klare Innen- Außen-Unterscheidung, aber die Mitgliedschaft ist anders geregelt als in einer Organisation. 8. Mehr als zwei Teilnehmer. 9. Vertrauen als Ressource. 10. Aufgabenbezogenheit." Siehe auch Organisationsentwicklung 2012, H. 4, S. 21; online http://docplayer.org/48432530-Organisationsentwicklung.html.

[9] „Nackt in der Badewanne' verkündete Madonna in einem Videoclip, dass das Coronavirus ‚der große Gleichmacher' sei, und stellte dabei erleichtert fest: ‚Wenn das Schiff untergeht, gehen wir alle zusammen unter.' Eine solche Aussage zeugt von Blindheit gegenüber den unterschiedlichen Verwundbarkeiten, denen unterschiedliche Menschen aufgrund unterschiedlicher Gefährdungen in der Corona-Pandemie ausgesetzt sind. Zu Recht rieben sich einige Fans die Augen; verwundert ob derlei Weltfremdheit mahnten sie: ‚Entschuldige, meine Königin, ich liebe dich so sehr, aber wir sind nicht gleich. Wir können durch die gleiche Krankheit sterben, aber die Armen werden am meisten leiden. Romantisiere diese Tragödie nicht'." (Manemann 2020).

ungefestigte, nur kurzzeitige und nur projektbezogene Bindungen, betroffen sind zum Beispiel Solo-Selbstständigkeit, Leiharbeit, Zeitarbeit, Mini-Jobs, viele Formen künstlerischer Tätigkeit und alle Variationen der Plattform-Ökonomie wie AirBnB und Uber, stehen in der Krise schnell zur Disposition.

Beispiel für eine eingebaute Stoppregel ist das deutsche Kurzarbeitergeld. Es senkt die (in den USA sehr hohe) Wahrscheinlichkeit, dass in der Krise Verbindungen zwischen Betrieben und Beschäftigten gelöst werden; positive soziale wie auch ökonomische Folgen sind, dass die Beschäftigten weiterhin ein, wenn auch deutlich geringeres Einkommen haben und die Arbeitsbeziehungen gegebenenfalls reibungslos wieder aufgenommen werden können.

Lose Netzwerkverbindungen lassen sich unter Krisendruck leichter lösen – und leichter aufbauen. In die Verflechtungen und Abhängigkeiten, in die Dynamiken dieser pulsierenden Gesellschaft hinein, trifft die Politik ihre Entscheidungen und verbreiten die Massenmedien ihre öffentlichen Mitteilungen.

3.1 Recht, Geld und Öffentlichkeitsarbeit als politische Steuerungsmedien

Um moderne Politik als Krisenmanagerin zu verstehen und zu beurteilen, ist der Unterschied zwischen Herrschen und Regieren zu beachten. Entscheidungen von Herrschern können sich auf den gläubigen Gehorsam der Bevölkerung verlassen, die, sollte sie rebellisch werden, zu spüren bekommt, wie die Macht schmeckt, wenn sie zu unkontrollierter Gewalt greift. Die kollektiv bindenden Entscheidungen der Regierenden haben die Interessen und Freiheitsrechte des Volkes zu berücksichtigen, von dem alle Macht ausgeht: „We the People" beginnt die us-amerikanische Verfassung. Demokratie durchzusetzen hatte das primäre Ziel, Grenzen zu ziehen gegen die kollektiv bindenden Entscheidungen der Herrschaft von Thron und Altar. Freiheitsräume wurden geschaffen für eigene Entscheidungen gesellschaftlicher Akteure, also der Personen und Organisationen.

Von der Meinungs-, Presse- und Versammlungsfreiheit bis zur Gewerbefreiheit sowie den Freiheiten der Kunst, der Wissenschaft, der Religion wurden im Demokratisierungsprozess Autonomiezonen politisch durchgesetzt. Mit und seit der Demokratisierung steht immer auch die Frage zur Entscheidung, worüber die Politik (international, national, föderal, kommunal) als Legislative und Regierung kollektiv verbindlich entscheiden soll, und worüber die Organisationen und Personen der Gesellschaft in ihrem je eigenen Interesse besser selbst entscheiden. Die drei Steuerungsmedien des Staates, Recht, Geld und Öffentlichkeitsarbeit, mit welchen er seine Macht ausübt und in die anderen gesellschaftlichen Funktionsfelder interveniert, stehen ihm keinesfalls zur freien Verfügung.

#Die Einhegung staatlicher Macht Um die Willkür staatlicher Macht, die sich immerhin auf ein Gewaltmonopol stützen kann, zu zähmen und einzuhegen, werden in der Demokratie umfangreiche Vorkehrungen getroffen. „Die auffälligste, die kühnste Errungenschaft des modernen politischen Systems liegt in dem Dual Regierung/Opposition" (Luhmann 1987, S. 140). Hinzu kommen Menschen- und Grundrechte, die Gewaltenteilung zwischen Legislative, Exekutive und Judikative, föderale Strukturen, welche die Entscheidungswelt differenzieren, die öffentliche Meinung und natürlich die Möglichkeit, eine Regierung abzuwählen – alles Strukturelemente moderner Politik, die Macht limitieren und ein „Durchregieren" verhindern sollen. Solche Begrenzungen erlauben die Einschätzung, dass politische „‚Willkür' heute nicht vielmehr als eine Beschreibung der Entscheidung durch den Verlierer" (Luhmann 2002, S. 141) ist.

In Krisen werden der Politik zwar beschleunigte Entscheidungsverfahren zugebilligt, aber es bleibt bei den drei Steuerungsmedien, über die sie auch sonst verfügt: Recht, Geld und Öffentlichkeitsarbeit.[10] Wie zurückhaltend oder massiv sie davon Gebrauch macht, kann prinzipiell nicht losgelöst von der Frage gesehen werden, wie viel Zustimmung ihres Wahlpublikums sie sich bei kommenden Wahlen wofür erwartet.

Recht und Geld sind vielfältig einsetzbar, sie sind nicht an bestimmte Situationen gebunden und bis an heiß diskutierte Grenzen expandierbar. Krisen machen möglich und erfordern, dabei an Schmerzgrenzen zu gehen. Das betrifft sowohl die rechtlich geregelte Einschränkung von Freiheitsrechten als auch die Ausweitung der Verschuldung. Wo ordnungs- und finanzpolitische Debatten mit dem Tenor, hier werde die Krise bekämpft, indem eine nächste größere Krise vorbereitet werde (Steingart 2020; Beise 2020), ausbleiben, ist die politische

---

[10]Steuerungsmedien müssten im Sinn ihres systemischen Verständnisses besser als Kontextsteuerungsmedien bezeichnet werden (vgl. Willke 2001).

Demokratie nicht in Ordnung. Die Auswirkungen der außerordentlichen rechtlichen und finanziellen staatlichen Maßnahmen in der Coronakrise können in Ländern mit Meinungsfreiheit nur umstritten sein.

„Ebenso wichtig, wenn nicht wichtiger, sind die Wirkungsgrenzen dieser Medien. Recht wie Geld bieten externe Gründe, das eigene Verhalten auf bestimmte Bedingungen einzustellen. Was über Recht und Geld nicht zu erreichen ist, ist die Änderung der Personen selbst" (Luhmann 1981, S. 97). Die Öffentlichkeitsarbeit der Regierungen des Bundes und der Länder während der Coronakrise, angeführt von appellativen Ansprachen des Bundespräsidenten, der Bundeskanzlerin und vieler anderer Amtsinhaber und -inhaberinnen legen davon beredtes Zeugnis ab. Auch wenn das Internet die Möglichkeiten der Selbstdarstellung aller Akteure, auch der politischen, sehr stark erweitert, so bleibt die politische Öffentlichkeitsarbeit doch an die Funktionsbedingungen des Journalismus gebunden.

#*Unter dem temporären Sinnschleier der Krise* „Die Krise weist eine so hohe Affinität zu narrativen Formen auf, dass ihre Erzählbarkeit quasi strukturell sichergestellt ist" (Leschke 2013, S. 10). Dieser allgemeine Befund kann für die journalistische Arbeit noch verdichtet werden, denn die jeweils akute Krise hat die Tendenz, sich wie ein ausgewählter Sinnschleier über alle möglichen Themen zu legen. Vorweg gilt: „Auch Journalisten verfolgen die Entwicklung atemlos, sind gehetzt, schlafen zu wenig. Auch sie sind erschöpft, machen Fehler. Aber Journalismus in Krisenzeiten verlangt das Kunststück der Paradoxiebewältigung: Es gilt zu erklären und einzuordnen, was sich noch gar nicht richtig erklären und einordnen lässt. Und es gilt, kritische Distanz zu wahren, auch wenn man selbst gerade fortgerissen wird von den Ereignissen oder der eigenen Angst." (Brost und Pörksen 2020)

„In Zeiten von Corona" gerät im Journalismus aus den Fugen, was schon im normalen Geschäftsgang angelegt ist und auffällt: Am jeweiligen „Thema des Tages" wollen alle teilhaben. Nichts beobachtet der Journalismus genauer als den Journalismus der anderen. Wenn und weil es alle haben, muss man selbst es früher und mehr davon haben. Das ist rational, hat aber einen Hang zur Verrücktheit. Die Selbstverständlichkeit, das Wichtige zu berichten und zu kommentieren, mutiert in der Alltagskonkurrenz der Verlage und Sender um die Aufmerksamkeit der Publika zu einer monothematischen Öffentlichkeit.

> „Es gibt überall nur eines zu lesen, zu sehen und zu hören: Corona. Gestern [gemeint ist der 11.04.2020] habe ich bei der ‚Tagesschau' die Zeit gestoppt: Es ging in der Nachrichtensendung 13 Minuten lang ausschließlich um das

Coronavirus. Ein einziger Beitrag, abgesehen vom Wetter und den Lottozahlen, hat sich nicht mit Corona beschäftigt. Das ist natürlich eine erhebliche Einschränkung der Themenvielfalt und der gesellschaftlichen Diskussionen." (Trebbe 2020)

Solche temporären Sinnschleier sind keine Erfindungen irgendeiner übergeordneten Instanz, sie werden von Werbung, Unterhaltung, PR und Journalismus kollektiv gepflegt. Die Öffentlichkeit gehorcht dem Gebot, du sollst solange keine anderen Sinnstifter neben mir haben, bis sich im Publikum Überdruss-Symptome zeigen und erste öffentliche Absender die Chance sehen, Aufmerksamkeit gerade damit zu gewinnen, dass sie Themen außerhalb dieses Sinngefängnisses präsentieren.

Der Druck ist ein zweifacher, ein publizistischer und ein wirtschaftlicher. Wer etwas veröffentlicht, möchte zur Kenntnis genommen werden, gerne von vielen, am liebsten von allen. Groß ist das Problem, wenn man Aufmerksamkeit verliert oder gar nicht erst bekommt. Hängen an der gewonnenen oder verfehlten Aufmerksamkeit Zahlungen von Kunden oder/und von Werbetreibenden, wird es zur ökonomischen Schicksalsfrage, das interessierende Thema auf interessante Weise anzubieten. Und das ist „in Zeit von Corona"…

3.2   Noch nicht wieder oder nie mehr wieder: Manifeste der Hoffnung und (kein) Strukturwandel

#Muster acht: *Krisen sind eine Hoch-Zeit für Manifeste und Appelle, dass es danach nicht so weiter gehen dürfe wie davor.*
„Der Aufbruch. Jetzt oder nie: Der Corona-Schock birgt die Chance auf eine bessere Welt", steht auf dem Cover der Spiegel-Ausgabe vom 18. April 2020. „Der gegenwärtige Schock könnte heilsam sein und einen Neuanfang einleiten, der in eine bessere, nachhaltigere Welt führt", heißt es in dem Essay zum Titelthema (Fichtner 2020). Die moderne Aufmerksamkeit für die Differenz zwischen Zustand und und möglichen Zukünften (siehe Abschn. 1.2) wird von Krisen alarmierend geweckt. Wer nämlich die Zustände vor der Krise in welchen Hinsichten auch immer kritisiert hat, wird den Versuch nicht versäumen, die Beanstandungen zumindest in die Nähe möglicher Krisenursachen zu rücken und, sie zu beseitigen, zur Bedingung für eine krisenfreiere Zukunft zu erklären. Die Coronakrise ereignet sich in einer Lage, in der das Verhältnis der Gesellschaft zur Natur ohnehin als hochproblematisch erlebt wird und die Forderungen nach

einer nachhaltige(re)n Wirtschafts- und Lebensweise bereits vor Ausbruch der Pandemie ganz oben auf der Agenda standen.

> „Die Corona-Krise ist quälend, aber sie bietet auch eine Chance. Sie bietet die vielleicht letzte Chance, vernunftgesteuert die Entwicklungsrichtung zu ändern, bevor ein katastrophaler natürlicher Super-GAU der in ihrer Hybris selbsternannten „Krone der Schöpfung" (corona genesis) ein Ende macht. Ein Zurück zum Status quo ante, wie er von den Profiteuren des gescheiterten Systems gefordert wird, ist jedenfalls der falsche Weg." (Vollmer 2020)

Weil sie es nicht erlaubt, einfach so weiter zu machen, und dazu auffordert zu überlegen, wie es weiter gehen könnte und sollte, kann die Krise als Reflexionswert der Moderne verstanden werden, der für unterschiedliche Zielen und Forderungen, für Hoffnungen und Befürchtungen offen ist. In der Coronakrise führt sich die moderne Gesellschaft vor, dass sie auch ganz anders als in ihren gewohnten Bahnen kommunizieren und arbeiten kann. „Corona ändert die Art unseres In-der-Welt-Seins, also unsere Beziehung zur Welt um uns herum, auf radikale Art und Weise. […] Wir machen gerade gewissermaßen eine kollektive Selbstwirksamkeitserfahrung: Hey, wir sind zusammen in der Lage, eine gigantische, 250 Jahre alte Maschinerie außer Kraft zu setzen!" (Rosa 2020) Ob das Erlebnis, dass vorübergehend auch ganz anderes Verhalten möglich ist, mehr über die Stabilität oder über die Veränderbarkeit bestehender Strukturen aussagt, ist damit nicht beantwortet.[11] Die Frage muss offen bleiben, aber eine Schlussthese kann zur Debatte gestellt werden.

#These: *Weder die in der Coronakrise angestoßenen Prozesse beschleunigter Digitalisierung noch die breiten politischen Rettungsschirme sprechen für das Post-Krisenszenario einer großen sozial-ökologischen Transformation.*
Das von allen beobachtete Phänomen sind Prozesse, wie Kommunikationen zwischen Anwesenden – sowohl in Leistungsrollen als auch in Publikumsrollen als auch in verwandt- und bekanntschaftlichen Verhältnissen, transformiert werden in Online-Kommunikationen zwischen Adressen.

---

[11]Michael Schipperges (2020) hat aus einer Diskursanalyse der öffentlichen Krisenkommunikation drei vorherrschende Post-Krisen-Szenarien herausgefiltert: „Stärkung staatlicher Autorität und nationaler Autarkie", „Neoliberale Beschleunigung", „Paradigmenwechsel zur sozial-ökologischen Transformation".

> „Und plötzlich arbeitet Bürodeutschland digital. Es holpert hier und da, aber grundsätzlich hat das Coronavirus geschafft, was viele Manager und Digitalisierungsberater nicht geschafft haben. Es ist wie eine Bewegung. Das Zwischenergebnis Stand heute: Es geht doch. Die Entwicklung der vergangenen Wochen ist durchaus beeindruckend: Zigtausende Angestellte und Büros kommunizieren digital miteinander. Durch Videokonferenzen sind geographische Distanzen auf ein Minimum geschrumpft. [...] Seit dem Jahrtausendwechsel wird die ‚Virtuelle Hauptversammlung‘ diskutiert. Nun ging alles ganz schnell." (Stoecker et al. 2020)

Digitale Kollaborationstools, Streamingdienste und Cloudprovider werden viel stärker nachgefragt, die Coronakrise habe den „Digitalisierungsturbo" gezündet, frohlockt, wer mit Blick auf die globale Konkurrenz vorher nationalen Nachholbedarf anmahnte. Die Krise hat einerseits lose Beziehungen aufgelöst und damit Anschlüsse gekappt, andererseits feste Beziehungen in lose transformiert und sie digital anschlussfähig gemacht (vgl. Fröhlich 2020). Sie hat auf diese Weise Risiken und Chancen netzwerkartiger Verbindungen mit vorher durchaus geahnter, aber längst nicht so spürbaren Deutlichkeit aufgezeigt. Das heißt aber, dass nichts anderes geschieht, als auf einem bekannten Entwicklungspfad einen Gang zuzulegen.

#*„Weiter so um jeden Preis"* Die politischen Entscheidungen zielen (nicht nur) in Deutschland auf not-wendige medizinische, soziale und wirtschaftliche Rettungsmaßnahmen und als solche stiften sie wirksam Nutzen.

> „Sie sind dringend erforderlich, um den Menschen aus ihrer unmittelbaren Not und ökonomischen Verzweiflung zu helfen. Letztlich zielen diese Maßnahmen aber vor allem darauf ab, die bestehende Ordnung wieder zu stabilisieren – und die Repolitisierung der Grundprinzipien, auf denen sie beruht, unter Kontrolle zu halten. Sie werden von genau den politischen Eliten bereitgestellt, die zuvor die neoliberale Transformation und die Austeritätspolitik betrieben haben. *Koste es, was es wolle*, hatte bereits der damalige EZB-Chef Mario Draghi gesagt, als es darum ging, die Banken und den Euro zu retten. Genau das ist auch jetzt das ausdrückliche Leitprinzip. Es steht kaum für eine große Transformation, sondern lässt sich unschwer übersetzen in: *Weiter so um jeden Preis!*" (Blühdorn 2020)

Der Transformationsprozess von der Industrie- zur Computergesellschaft verweist auf die Wandlungsfähigkeiten der Moderne. Er hat aber weder an der Steigerungslogik noch an der Konkurrenzdynamik noch an dem Kommerzialisierungsprozess etwas geändert, sondern sich innerhalb dieser Strukturvorgaben bewegt. Wird es Organisationen und Personen gelingen, angeregt von neu geöffneten Möglichkeitsräumen in der Coronakrise, ihre Kommunikation und ihre Arbeit in Zukunft an Nachhaltigkeit, Kollaboration und Solidarität auszurichten?

Was Sie aus diesem *essential* mitnehmen können

- Krisen sind moderne Reflexionswerte, sie schärfen die Selbstbeobachtung
- Erst die ausgebrochene Krise macht die Vergangenheit zur Vorgeschichte einer Krise
- Eine Krise will erzählt werden: mehr Aufmerksamkeit für Kassandras und Verschwörungsprediger
- Krise und Entscheidung weisen dieselbe Kommunikationsstruktur auf
- Die Pandemie – ein grüner Schwan in den Netzwerken weltumspannender digitalisierter Kommunikation und globalisierter Arbeit

Literatur

Arlt, F. (2020). Eine oder KEINE Krise wie jede andere Teil II. Online https://bruchstuecke.info/2020/05/03/eine-oder-keine-krise-wie-jede-andere-teil-ii/ (Zugriff 17.05.2020).

Arlt, H.-J. (2017). *Arbeit und Freiheit. Eine Paradoxie der Moderne.* Wiesbaden: Springer VS.

Arlt, H.-J., & Schulz, J. (2019). *Die Entscheidung. Lösungen einer unlösbaren Aufgabe.* Wiesbaden: Springer VS.

Ansoff, H. I. (1976). Managing Surprise and Discontinuity – Strategic Response to Weal Signals. In *Zeitschrift für betriebswirtschaftliche Forschung*, Vol. 28, S. 129–152.

Baecker, D. (2009). *Die Sache mit der Führung.* Wien: Picus.

Baecker, D. (2010). Wie in einer Krise die Gesellschaft funktioniert. In: *Revue für post-heroisches Management*, Heft 7: Systemische Risiken (S. 30–43).

Baecker, D. (2018). *4.0 oder Die Lücke die der Rechner lässt.* Berlin: Merve.

Baecker, D. (2020). Ohne Abstand: Die Gesellschaft in Zeiten des Kontaktverbots. Online https://www.nzz.ch/feuilleton/ohne-abstand-die-gesellschaft-in-zeiten-des-kontaktverbots-ld.1550252 (Zugriff 21.04.2020).

Beise, M. (2020). Ist das alle nötig? Online https://www.sueddeutsche.de/wirtschaft/coronavirus-wirtschaft-politik-chance-1.4873817?reduced=true (Zugriff 12.04.2020).

Bernau, P. (2008). Die Welt hört nie auf die Untergangspropheten. Online https://www.faz.net/aktuell/wirtschaft/wirtschaftswissen/finanzkrise-die-welt-hoert-nie-auf-die-untergangspropheten-1727322.html (Zugriff 27.04.2020).

Birnbaum, N. (1969). The Crisis of Industrial Society. Oxford: Oxford University Press; deutsch (1972). Die Krise der industriellen Gesellschaft. Frankfurt a. M.: Suhrkamp.

Bloch, E. (1962). Erbschaft dieser Zeit. Frankfurt a. M.: Suhrkamp.

Blühdorn, I. (2020). Das Virus der Nicht-Nachhaltigkeit: Findet die sozial-ökologische Transformation jetzt endlich statt? Online https://blog.transcript-verlag.de/das-virus-der-nicht-nachhaltigkeit/ (Zugriff 22.05.2020).

Bolton, P., Desperes, M., Pereira da Silva, L. A., Samama, F., & Svartzman, R. (2020). The green swan. Online https://www.bis.org/publ/othp31.pdf (Zugriff 10.05.2020).

Bourdieu, P. (1983). Ökonomisches Kapital, kulturelles Kapital, soziales Kapital. In: R. Kreckel (Hrsg.), *„Soziale Ungleichheiten"* (S. 183–198). Soziale Welt, Sonderband 2, Göttingen: Nomos.

Brost, M., & Pörksen, B. (2020). Angesteckt. Online https://www.zeit.de/2020/16/corona-virus-berichterstattung-journalismus-information (Zugriff 15.05.2020).

Castellls, M. (2004). Der Aufstieg der Netzwerkgesellschaft. Opladen: Lerske + Budrich.

De Certeau, M. (1988). *Kunst des Handelns*. Berlin: Merve.

Deuber, L. (2020). Chronologie einer Vertuschung. Online https://projekte. sueddeutsche.de/artikel/politik/coronavirus-in-wuhan-chronik-der-vertuschung-e418140/?reduced=true (Zugriff 04.04.2020).

Deutschlandfunk (2020). Eine Textgattung als Sanitäter. Online https://www. deutschlandfunk.de/essayistik-in-der-krise-eine-textgattung-als-sanitaeter.1184. de.html?dram:article_id=476470 (Zugriff 23.05.2020).

EU-Kommission (2020). Der Corona-Krisenstab der Europäischen Kommission. Online https://ec.europa.eu/info/live-work-travel-eu/health/coronavirus-response/european-commissions-action-coronavirus_de (Zugriff 15.04.2020).

Fichtner, U. (2020). Corona-Pandemie. Warum unsere Welt nach der Krise eine bessere sein könnte. Online https://www.spiegel.de/panorama/corona-warum-die-krise-unsere-welt-besser-machen-kann-a-00000000-0002-0001-0000-000170518541 (Zugriff 18.04.2020).

Fröhlich, H. (2020). Das Netzwerk nutzen. Online https://www.brandeins.de/themen/ wirmachenweiter/zusammenhalten-in-der-corona-krise-das-netzwerk-nutzen (Zugriff 22.05.2020).

Fuchs, P. (2010). *Diabolische Perspektiven. Vorlesungen zu Ethik und Beratung*. Berlin: LIT.

Gerlinger, T., & Burkhardt, W. (2012). Das Gesundheitswesen in Deutschland – Ein Überblick. Online https://www.bpb.de/politik/innenpolitik/gesundheitspolitik/72547/ gesundheitswesen-im-ueberblick (Zugriff 19.04.2020).

Glatzel, K. (2012). *Weder Organisation noch Netzwerk. Struktur, Strategie und Führung in Verbundnetzwerken*. Heidelberg: Auer.

Goethe, J. W. von (1954). Gesammelte Werke. Band 6. Aus meinem Leben. Dichtung und Wahrheit. Gütersloh: Bertelsmann.

Grasskamp, W. (1998). Ist die Moderne eine Epoche?. In *Merkur*, Jg. 52, H. 9/10 (S. 757–765). Stuttgart: Klett-Cotta.

Habermas, J. (1973). *Legitimationsprobleme im Spätkapitalismus*. Frankfurt a. M.: Suhrkamp.

Habermas, J. (2020). Jürgen Habermas über Corona: „So viel Wissen über unser Nichtwissen gab es noch nie". Online https://www.fr.de/kultur/gesellschaft/ juergen-habermas-coronavirus-krise-covid19-interview-13642491.html?utm_ source=pocket-newtab (Zugriff 11.04.2020).

Hahn, A., & Jacob, R. (1994). Der Körper als soziales Bedeutungssystem. In P. Fuchs, & A. Göbel (Hrsg.), *Der Mensch – das Medium der Gesellschaft?* (S. 189–238). Frankfurt a. M.: Suhrkamp.

Hassenkamp, M. (2020). Wenn das eigene Zuhause nicht sicher ist. Online https:// www.spiegel.de/politik/deutschland/Coronakrise-und-haeusliche-gewalt-wenn-daseigene-zuhause-nicht-sicher-ist-a-f4ed7e8a-9224-4876-bbc1-45e2b5a9c26c   (Zugriff 17.04.2020).

Havertz, R. (2020). Amerika lässt seine Ärmsten sterben. Online https://www.zeit.de/ politik/ausland/2020-04/coronakrise-usa-donald-trump-afroamerikaner-weisse (Zugriff 18.05.2020).

Hellner, C. (2020). „Mir wurde sogar verboten, einen Spruch auf den Boden zu malen." Online https://www.zeit.de/campus/2020-04/zivilgesellschaft-Coronakrise-fluechtlinge-klimaschutz-pflege (Zugriff 25.04.2020).

Jaspers, K. (1979/1931). Die geistige Situation der Zeit. Berlin, New York: de Gruyter.

Keese, C. (2017). *Silicon Germany. Wie wir die digitale Transformation schaffen.* München: Knaus.

Kempkens, S. (2020). Das große Komplott. Online https://www.zeit.de/2020/21/ verschwoerungstheorien-corona-angst-kontollverlust-misstrauen (Zugriff 23.05.2020).

Kissler, A. (2020). „Das RKI führt nicht die richtigen statistischen Handgriffe aus". Online https://www.cicero.de/innenpolitik/coronavirus-fallzahlen-rki-statistik-ard   (Zugriff 30.03.2020).

Kondylis, P. (1991). *Der Untergang der bürgerlichen Denk- und Lebensform.* Weinheim: VCA Acta humaniora.

Koselleck, R. (1973/1956). *Kritik und Krise.* Frankfurt a. M.: Suhrkamp.

Koselleck, R. (2006): *Begriffsgeschichten.* Frankfurt a. M.: Suhrkamp.

Kühl, E. (2020). Trauen Sie keiner Corona-Mail. Online https://www.zeit.de/digital/ datenschutz/2020-04/cyberkriminalitaet-coronavirus-schutzmaske-datenschutz-angst/ komplettansicht (Zugriff 25.04.2020).

Lehmann, M. (2011). Mit Individualität rechnen. Karriere als Organisationsproblem. Weilerswist: Velbrück Wissenschaft.

Leschke, R. (2013). Medientheorie und Krise. In U. Fenske, W. Hülk, & G. Schuhen (Hrsg.), *Die Krise als Erzählung. Transdisziplinäre Perspektiven auf ein Narrativ der Moderne* (S. 9–31). Bielefeld: Transcript.

Liebl, F. (1996). *Strategische Frühaufklärung. Trends – Issues – Stakeholders.* München, Wien: Oldenbourg.

Link, J. (2006). *Versuch über Normalismus. Wie Normalität produziert wird.* Göttingen: Vandenhoeck & Ruprecht.

Link, J. (2013). *Normale Krisen? Normalismus und die Krise der Gegenwart.* Konstanz: Konstanz University Press.

Luhmann, N. (1971). *Politische Planung: Aufsätze zur Soziologie von Politik und Verantwortung.* Wiesbaden: Westdeutscher Verlag.

Luhmann, N. (1984). *Soziale Systeme. Grundriß einer allgemeinen Theorie.* Frankfurt a. M.: Suhrkamp.

Luhmann, N. (1986). *Ökologische Kommunikation. Kann die moderne Gesellschaft sich auf ökologische Gefährdungen einstellen?* Opladen: Westdeutscher Verlag.

Luhmann, N. (1987). Enttäuschungen und Hoffnungen. Zur Zukunft der Demokratie. In Ders., *Soziologische Aufklärung 4. Beiträge zur funktionalen Differenzierung der Gesellschaft* (S. 133–141). Opladen: Westdeutscher Verlag.

Luhmann, N. (1991). Am Ende der kritischen Soziologie. In *Zeitschrift für Soziologie,* Jg. 20, H. 2. (S. 147–152). Stuttgart: Enke.

Luhmann, N. (1993). Individuum, Individualität, Individualismus. In: Ders., *Gesellschafts-struktur und Semantik. Studien zur Wissenssoziologie der modernen Gesellschaft. Band 3* (S. 149–258). Frankfurt a. M.: Suhrkamp.

Luhmann, N. (1997). *Die Gesellschaft der Gesellschaft.* Frankfurt a. M.: Suhrkamp.

Luhmann, N. (2002). *Die Politik der Gesellschaft.* Frankfurt a. M.: Suhrkamp.

Luhmann, N. (2003). *Soziologie des Risikos.* Berlin, New York: De Gruyter.

Manemann, J. (2020). Gleichheit vor dem Virus! – Verwundbarkeiten in der Corona-Krise. Online https://blog.transcript-verlag.de/gleichheit-vor-dem-virus/ (Zugriff 22.05.2020).

Marquard, O. (1986). *Apologie des Zufälligen.* Stuttgart: Reclam.

Marx, K. (1968). *Die Frühschriften. Von 1837 bis zum Manifest der kommunistischen Partei 1848.* Stuttgart: Kröner.

Marx, K. (1973). *Das Kapital. Kritik der politischen Ökonomie.* Erster Band. Berlin: Dietz.

Matthiesen, S. (2020). Herrengedeck – oder feministische Wut für Späteinsteiger. Online https://bruchstuecke.info/2020/04/24/herrengedeck-oder-feministische-wut-fuer-spaeteinsteiger/ (Zugriff 25.04.2020).

Meadows, D., Meadows, D., Zahn, E., & Milling, P. (1972). *Die Grenzen des Wachstums: Bericht des Club of Rome zur Lage der Menschheit.* Stuttgart: Deutsche Verlagsanstalt.

Merkel, A. (2020). Fernsehansprache von Bundeskanzlerin Angela Merkel am 18.03.2020. Online https://www.bundeskanzlerin.de/bkin-de/aktuelles/fernsehansprache-von-bundeskanzlerin-angela-merkel-1732134 (Zugriff 15.04.2020).

Musk, E. (2017). The future we're building – and boring [Video]. Online https://www.youtube.com/watch?v=zIwLWfaAg-8 (Zugriff 17.05.2020).

Nachtwey, O., & Seidl, T. (2017). Die Ethik der Solution und der Geist des digitalen Kapitalismus. IFS Working Paper #11. Institut für Sozialforschung Frankfurt. Online http://www.ifs.uni-frankfurt.de/wp-content/uploads/IfS-WP-11.pdf (Zugriff 21.05.2020).

Nassehi, A. (2012). Der Ausnahmezustand als Normalfall. Modernität als Krise. In *Kursbuch 170*, Krisen lieben (S. 34–49). Hamburg: Murmann.

Nassehi, A. (2019). *Muster. Eine Theorie der digitalen Gesellschaft.* München: Hanser.

Ortmann, G. (2015). Noch nicht/Nicht mehr: Wir Virtuosen des versäumten Augenblicks. Weilerswist: Velbrück.

Ortmann, G. (2020). Corona II: Das große Noch nicht/Nicht mehr – Warum man nicht nur Epidemien immer zu spät sieht? Online https://kure.hypotheses.org/842 (Zugriff 28.03.2020).

Reckwitz, A. (2018). *Die Gesellschaft der Singularitäten. Zum Strukturwandel der Moderne.* Bonn: Bundeszentrale für politische Bildung (*Suhrkamp 2017).

Reckwitz, A. (2020). Der Staat wird zum Risikomanager. Online https://www.tagesspiegel.de/politik/Coronakrise-als-training-der-staat-wird-zum-risikomanager/25713428.html (Zugriff 06.04.2020).

Röttger, U. (Hrsg.) (2001). Issues Management. Theoretische Konzepte und praktische Umsetzung. Eine Bestandsaufnahme. Wiesbaden: Westdeutscher Verlag.

Rosa, H. (2020). „Es war nicht das Virus, das uns angehalten hat". Online https://www.zeit.de/zeit-magazin/2020-04/hartmut-rosa-coronavirus-gesellschaft-wirtschaftssystem (Zugriff 04.04.2020)

Schipperges, M. (2020). Wie entwickelt sich die Gesellschaft nach der Corona-Krise? – Drei Szenarien. Online http://sociodimensions.com/wp-content/uploads/Einstellungswandel-nach-der-Coronakrise-2020-05-26.pdf (Zugriff 27.05.2020).

Schulze, G. (1993). *Die Erlebnisgesellschaft. Kultursoziologie der Gegenwart*. Frankfurt a. M., New York: Campus.

Simon, F. B. (2020). Corona IX: Verbotene und erlaubte Sozialformen. Online https://kure.hypotheses.org/875 (Zugriff 03.04.2020).

Spencer-Brown, G. (1997/1969). Laws of Form – Gesetz der Form. Bohmeier: Lübeck.

Stalder, F. (2016). *Kultur der Digitalität*. Berlin: Suhrkamp.

Steingart, G. (2020). Das Morning Briefing vom 15.04.2020. https://news.gaborsteingart.com/online.php?u=QA4eZM94250 (Zugriff 17.04.2020).

Stichweh, R. (2020). Simplifikation des Sozialen. Die Corona-Pandemie und die Funktionssysteme der Weltgesellschaft. In *Frankfurter Allgemeine Zeitung*, 7. April 2020, S. 9.

Stoecker, C., Büch, M., & Sandner, P. (2020). Chancen in der Pandemie: Die positive Seite dieser Krise. Online https://www.faz.net/aktuell/wirtschaft/digitec/chancen-in-der-pandemie-die-positive-seite-die-corona-krise-16733515.html (Zugriff 22.04.2020).

Theveßen, E. (2020). Der Unverantwortliche. Trump in der Corona-Krise. Online https://www.zdf.de/dokumentation/zdfzeit/zdfzeit-corona-land-von-oben-100.html (Zugriff 27.05.2020).

Thiel, P. (2014). *Zero to One: Wie Innovation unsere Gesellschaft rettet*. Frankfurt a. M., New York: Campus.

Trebbe, J. (2020). „Es ist völlig legitim, dass dafür Rundfunkbeitrag gezahlt wird". Online https://www.t-online.de/unterhaltung/tv/id_87682026/medienforscher-ueber-ard-und-zdf-ragen-als-leuchttuerme-aus-der-krise-.html (Zugriff 15.05.2020).

Vollmer, L. (2020). Klima und Corona: Zwei Krisen – eine Antwort. Online https://bruchstuecke.info/2020/05/01/ludger-volmer-die-krone-der-schoepfung-vor-dem-super-gau/ (Zugriff 22.05.2020).

Weizenbaum Institut. (2020) Neue Podcast-Folge zu digitalem Lehren und Lernen in Corona-Zeiten. Online https://www.weizenbaum-institut.de/news/neue-podcast-folge-zu-digitalem-lehren-und-lernen-in-corona-zeiten/ (Zugriff 15.05.2020).

Welsch, W. (1988). Unsere postmoderne Moderne. Weinheim: VCH Acta humaniora.

Welt (2020). Arme und Angehörige von Minderheiten sterben häufiger. Online https://www.welt.de/wissenschaft/article207662179/Covid-19-in-Grossbritannien-Arme-und-Angehoerige-von-Minderheiten-sterben-haeufiger.html (Zugriff 15.05.2020).

Welzer, H. (2013). „Wir kreisen doch nur noch um den Gegenwartspunkt". Online http://wolfgangstorz.de/wp-content/pdf/18.06.2013_WOZ_wir_kreisen_doch_nur_um_den_gegenwartspunkt.pdf (Zugriff 18.04.2020).

Willke, H. (2001). *Systemtheorie III: Steuerungstheorie*. Stuttgart: Lucius & Lucius.

Willke, H. (2002). *Dystopia. Studien zur Krisis des Wissens in der modernen Gesellschaft*. Frankfurt a. M.: Suhrkamp.

Willke, H. (2010). Systemische Risiken und cooler Kapitalismus. In *Revue für postheroisches Management*, Heft 7: Systemische Risiken (S. 80–87).

Yogeshwar, R. (2020) Phase zwei. Online https://zeitung.faz.net/faz/feuilleton/2020-05-02/d87d1b8846d60a0ffae3198d8bc502cd/?GEPC=s5 (Zugriff 02.05.2020).

Zuckerberg, M. (2017). August Was Born. Online https://www.facebook.com/4/posts/10103996712572761/ (Zugriff 15.05.2020).